1 a) 7 + ___ = 10 b) 8 + ___ = 10 c) 9 + ___ = 10
4 + ___ = 10 5 + ___ = 10 6 + ___ = 10
1 + ___ = 10 2 + ___ = 10 3 + ___ = 10

Zahlenfreunde

2 a) 7 + ___ = 8 b) 6 + ___ = 9 c) 5 + ___ = 7
5 + ___ = 8 1 + ___ = 9 1 + ___ = 7
3 + ___ = 8 4 + ___ = 9 0 + ___ = 7

3 a) 7 + 7 = ___ b) 9 + 9 = ___ c) 4 + 4 = ___ d) 3 + 3 = ___
2 + 2 = ___ 5 + 5 = ___ 10 + 10 = ___ 0 + 0 = ___

4 a) 13 − 3 = ___ b) 18 − 8 = ___ c) 16 − 6 = ___ d) 12 − 2 = ___
17 − 7 = ___ 11 − 1 = ___ 14 − 4 = ___ 15 − 5 = ___

5 a) 13 − 10 = ___ b) 12 − 10 = ___ c) 18 − 10 = ___ d) 10 − 10 = ___
17 − 10 = ___ 19 − 10 = ___ 11 − 10 = ___ 20 − 10 = ___

6

3 + 3 = ___	2 + 2 = ___
1 + 1 = ___	10 + 10 = ___
15 − 10 = ___	8 + 8 = ___
6 + 6 = ___	17 − 10 = ___
19 − 10 = ___	0 + 0 = ___
7 + 7 = ___	4 + 4 = ___
13 − 10 = ___	11 − 10 = ___
5 + 5 = ___	9 + 9 = ___

Rechenstrategien

1 Erst bis zur 10, dann weiter

8 + 7 = 15

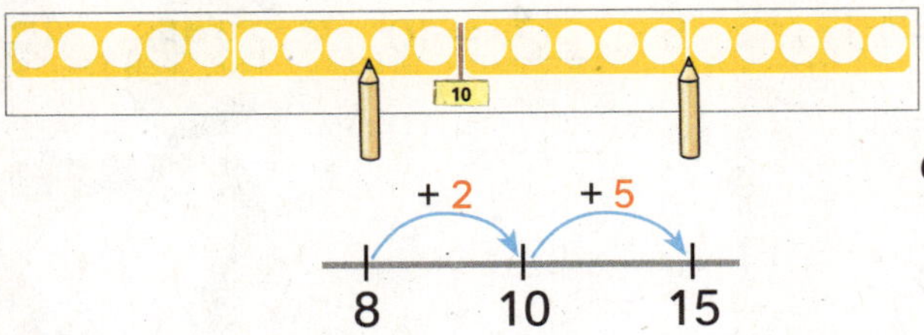

a) 7 + 6 = 13
8 + 6 = 14
5 + 6 = 11

b) 9 + 5 = 14
7 + 5 = 11
8 + 5 = 13

c) 7 + 4 = 11
9 + 4 = 13
8 + 4 = 12

d) 9 + 8 = 17
5 + 8 = 13
4 + 8 = 12

2 Die kleine Schwester hilft.

a) 16 + 3 = 19
12 + 4 = 16

b) 12 + 5 = 17
11 + 3 = 14

c) 14 + 6 = 20
11 + 8 = 19

d) 15 + 3 = 18
13 + 4 = 17

3 Denke auch an die Tauschaufgabe.

a) 1 + 19 = 20
5 + 13 = 18

b) 7 + 11 = 18
8 + 12 = 20

c) 3 + 11 = 14
5 + 14 = 19

d) 2 + 15 = 17
4 + 14 = 18

4 Erst zurück zur 10, dann weiter

14 − 6 = 8

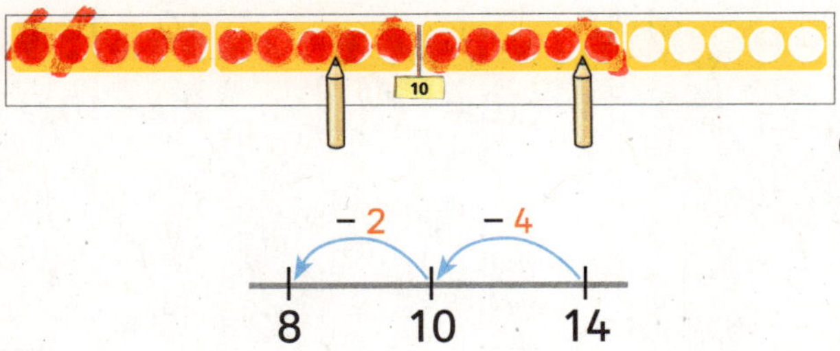

a) 14 − 7 = 7
14 − 8 = 6
14 − 5 = 9

b) 13 − 4 = 9
13 − 7 = 6
13 − 8 = 5

c) 16 − 8 = 8
16 − 7 = 9
16 − 9 = 7

d) 12 − 4 = 4
12 − 6 = 6
12 − 8 = 4

5 a) 19 − 4 = 5
18 − 2 = 16
16 − 3 = 13

b) 14 − 3 = 11
17 − 5 = 12
18 − 4 = 14

c) 15 − 4 = 11
18 − 5 = 13
13 − 3 = 10

d) 17 − 3 = 14
20 − 7 = 13
18 − 0 = 18

6 a) 14 − 9 = 5
14 − 10 = 4

b) 16 − 9 = 7
16 − 9 = 7

c) 11 − 9 = 2
11 − 9 = 2

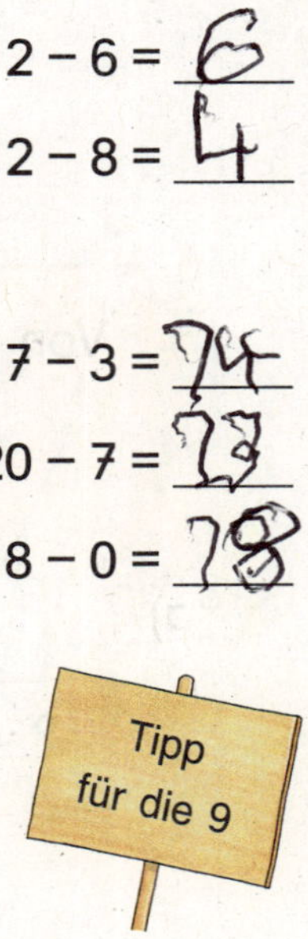

1 Eine Traube ist faul. Streiche sie durch. Rechne die anderen.

- a) 17, 7 – 10 (17-7)
- b) 16, 4 – 12
- c) 12, 6 – 6
- d) 13, 14 – 1

2 Eine Traube ist faul.

- a) 11, 5, 1 – 6, 4 – 2
- b) 13, 8, 3 – 8 5, 5 – 3
- c) 14, 9, 2 – 5, 7 – 2
- d) 20, 8, 6 – 12, 2 – 10

3

- a) 15, 5, 5 – 10, 0 – 10
- b) 15, 6, 5 – 9, 1 – 8
- c) 15, 7, 5 – 8, 2 – 6
- d) 15, 8, 5 – 7, 3 – 4

e) Von Traube zu Traube: Oben in der Mitte immer ____ mehr,
unten immer ____________________.

4

- a) 17 / 12, 5
- b) 20 / 13, 7
- c) 13 / 9, 4
- d) 14 / 8, 6

5

- a) 14 / 8, 6 / 6, 2, 4
- b) 16 / 9, 7 / 6, 3, 4
- c) 18 / 10, 8 / 6, 4, 4
- d) 0 / 1, 1 / 6, 5, 4

e) Von Mauer zu Mauer: Unten in der Mitte immer ____ mehr,
oben immer ____________________.

6

- a) 19 / 9, 10 / 1, 8, 2
- b) 20 / 13, 7 / 9, 4, 3
- c) 18 / 11, 7 / 6, 5, 2
- d) 19 / 10, 9 / 7, 3, 6

Rechts – links, vorne – hinten

1 Farbige Autos stehen auf dem Tisch.
Male die Autos richtig an.
Welches Auto sieht Felix
a) hinten links? b) vorne links?

2 Welches Auto sieht Emma
a) hinten links? b) vorne links?

3 Welches Auto sieht Noah
a) vorne rechts? b) hinten links?

4 Welches Auto sieht Mats
a) hinten links? b) vorne rechts?

5 Welches Auto sieht Lilli
a) hinten rechts? b) vorne links?

6 Welches Auto sieht Finja
a) vorne links? b) hinten rechts?

7 Welches Auto sieht Sofia
a) hinten rechts? b) vorne rechts?

8 Welches Auto sieht Emilio
a) vorne links? b) hinten links?

9 Wo sieht Jakob das Auto? Schreibe.

a)  ______________________

b)  ______________________

10 Wo sieht Luisa das Auto? Schreibe.

a)  ______________________

b)  ______________________

1 Zeichne. Beginne am blauen Punkt. Welche Zahlen sind es?

a)

1 nach rechts
7 nach unten
1 nach links
7 nach oben

Zahl ____

b)

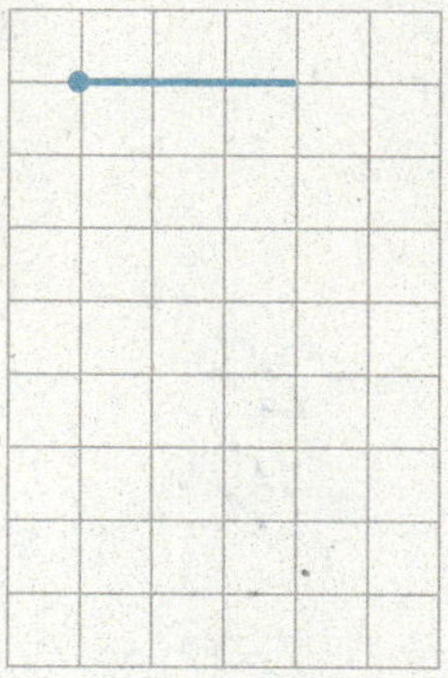

Zahl ____

3 nach rechts
3 nach unten
1 nach rechts
1 nach unten
1 nach links
3 nach unten
1 nach links
3 nach oben
1 nach links
1 nach oben
1 nach rechts
2 nach oben
2 nach links
1 nach oben

2 Welche Zahlen zeichnen die Kinder? Ordne zu. Wie geht es weiter?

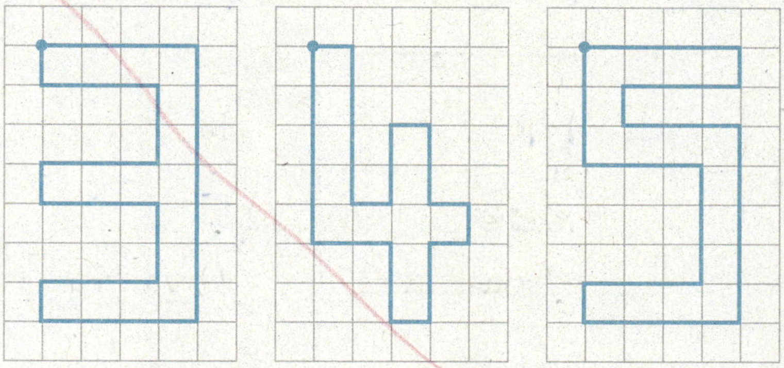

4 nach rechts
1 nach unten
3 nach links
1 nach unten
3 nach ____
____ nach ____
____ nach ____
____ nach ____
____ nach ____
____ nach ____
____ nach ____
____ nach ____

4 nach rechts
7 nach unten
4 nach links
1 nach oben
3 nach ____
____ nach ____
____ nach ____
____ nach ____
____ nach ____
____ nach ____
____ nach ____
____ nach ____

1 nach rechts
4 nach unten
1 nach rechts
2 nach oben
1 nach ____
____ nach ____
____ nach ____
____ nach ____
____ nach ____
____ nach ____
____ nach ____
____ nach ____
____ nach ____

Elli zeichnet die ____.

Tim zeichnet die ____.

Pia zeichnet die ____.

Bündeln

1

a)

2 Z + 8 E = 28

20 + 8 = 28

b)

6 Z + 2 E = 8

60 + 2 = 68

c)

3 Z + 3 E = 6

30 + 3 = 33

2 Wie heißt die Zahl? Zeichne in Geheimschrift.

a)

5 Z + 3 E = 8

50 + 3 = 53

b)

2 Z + 5 E = 7

20 + 5 = 27

c)
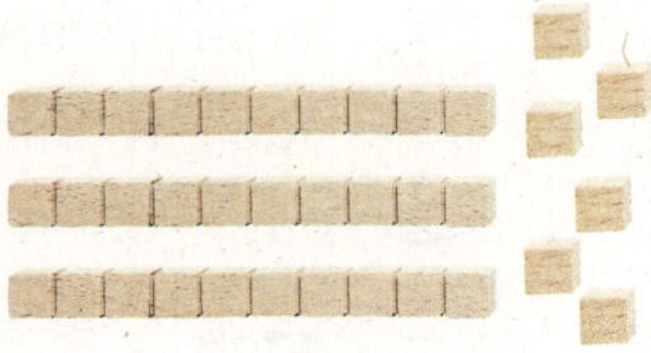

3 Z + 6 E = 9

30 + 6 = 36

3 Wie heißt die Zahl?

a)

7 Z + 6 E = 13

70 + 6 = 76

b)

9 Z + 1 E = 10

90 + 1 = 91

c)

6 Z + 4 E = 10

60 + 4 = 64

4 Zeichne in Geheimschrift. Schreibe auch die Zahl dazu.

a) vierundzwanzig — 25

b) zweiundfünfzig — 52

c) einundvierzig — 41

5 Zerlege in Zehner und Einer.

a) 74 = 7 Z + 4 E

74 = 70 + 4

b) 18 = 10 Z + 8 E

18 = 10 + 8

c) 56 = 50 Z + 6 E

56 = 50 + 6

1 Schreibe in Geheimschrift und rechne.

a) 63 – 40 = ___

b) 54 – 20 = ___

c) 72 – 50 = ___

2

a) 70 – 20 = ___
76 – 20 = ___

b) 90 – 30 = ___
97 – 30 = ___

c) 60 – 40 = ___
65 – 40 = ___

d) 80 – 50 = ___
87 – 50 = ___

3

a) 58 – 30 = ___
58 – 3 = ___

b) 89 – 40 = ___
89 – 4 = ___

c) 98 – 60 = ___
98 – 6 = ___

d) 36 – 30 = ___
36 – 3 = ___

4 Schreibe in Geheimschrift und rechne.

a) 24 + 40 = ___

b) 13 + 40 = ___

c) 31 + 40 = ___

d) 50 + 25 = ___

e) 20 + 32 = ___

f) 30 + 53 = ___

5

a) 60 + 20 = ___
63 + 20 = ___

b) 30 + 40 = ___
39 + 40 = ___

c) 50 + 30 = ___
57 + 30 = ___

d) 40 + 50 = ___
46 + 50 = ___

6

a) 20 + 50 = ___
20 + 55 = ___

b) 80 + 10 = ___
80 + 18 = ___

c) 30 + 30 = ___
30 + 34 = ___

d) 40 + 40 = ___
40 + 42 = ___

7

a) 47 + 20 = ___
47 + 2 = ___

b) 54 + 30 = ___
54 + 3 = ___

c) 22 + 60 = ___
22 + 6 = ___

d) 65 + 30 = ___
65 + 3 = ___

Hunderterkette

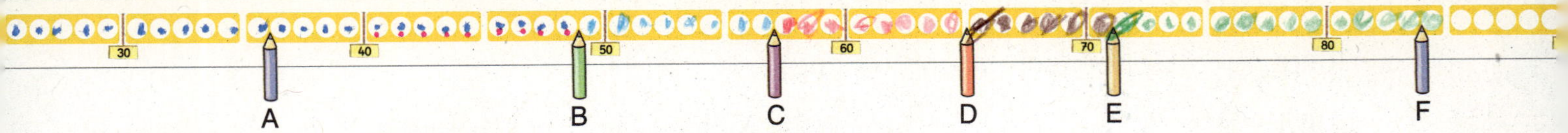

1 Wo liegt der Stift? Wie heißt die Zahl?

A = ___ B = ___ C = ___ D = ___ E = ___ F = ___

2 Zähle vorwärts und rückwärts. Schreibe die Zahlen.

a) 35, 36, 37, ___, ___, ___, ___, ___, ___, ___, 45

b) 77, 78, 79, ___, ___, ___, ___, ___, ___, ___, 87

c) 63, 62, 61, ___, ___, ___, ___, ___, ___, ___, 53

d) 56, 55, 54, ___, ___, ___, ___, ___, ___, ___, 46

3 a)

V	Zahl	N
	30	
	74	
	48	

b)

V	Zahl	N
	52	
	86	
	37	

c)

V	Zahl	N
	39	
	61	
	99	

4 Vor zum Nachbarzehner.

a) 63 + ___ = ___
74 + ___ = ___
32 + ___ = ___

b) 41 + ___ = ___
86 + ___ = ___
68 + ___ = ___

c) 55 + ___ = ___
49 + ___ = ___
97 + ___ = ___

5 a) 20 − 7 = ___
40 − 3 = ___
50 − 1 = ___

b) 80 − 5 = ___
60 − 2 = ___
30 − 6 = ___

c) 70 − 4 = ___
90 − 9 = ___
100 − 8 = ___

6 Ordne nach der Größe. Beginne mit der kleinsten Zahl.

a) 74, 37, 43 ___

b) 82, 8, 28 ___

c) 65, 56, 66 ___

7 Vergleiche. Welche Zahl ist größer? Setze < oder > ein.

a) 37 ○ 39
48 ○ 42
70 ○ 79

b) 62 ○ 26
17 ○ 71
69 ○ 70

c) 54 ○ 45
67 ○ 76
83 ○ 38

1, 2, 3, ___, 5, ___, ___, 8, ___, ___, 11, ___, 13, ___, ___, ___, ___, ___, ___, ___, 21, ___, 23, 24, ___, 26, ___, ___, ___, 30

1 Schreibe alle Zahlen auf, von klein nach groß.

a) Gerade Zahlen von 30 bis 40: 30, ___, ___, ___, ___, ___

b) Ungerade Zahlen von 66 bis 77: ___, ___, ___, ___, ___, ___

c) Gerade Zahlen zwischen 45 und 55: ___, ___, ___, ___, ___

2 Immer fünf Zahlen sind gerade. Kreise ein.

a)	16	18	24	33	35	41	58	60	97	99
b)	7	12	20	25	44	63	70	77	81	90
c)	15	29	32	39	46	59	66	71	96	100

3 Setze ein: gerade oder ungerade.

a) Alle Zahlen mit 3 Einern sind ___________.

b) Alle Zahlen mit 6 Einern sind ___________.

c) Alle Zahlen mit 4 Einern sind ___________.

4 Ist das Ergebnis gerade oder ungerade? Rechne und kreuze an.
Schreibe eine weitere passende Aufgabe. Rechne und kontrolliere.

a) 6 + 2 = ___
8 + 8 = ___
____

b) 20 + 40 = ___
30 + 50 = ___
____

c) 42 + 30 = ___
14 + 20 = ___
____

d) 1 + 7 = ___
5 + 5 = ___
____

e) 11 + 3 = ___
45 + 5 = ___
____

f) 7 + 27 = ___
9 + 33 = ___
____

g) 2 + 5 = ___
6 + 7 = ___
____

h) 21 + 4 = ___
63 + 2 = ___
____

i) 5 + 54 = ___
3 + 76 = ___
____

Zentimeter und Meter

1 Wie lang sind die Streifen?
Schätze zuerst, dann miss.

a)
b)
c)
d)
e)
f)

[illegible]	…emessen
	cm
	cm
	cm
	cm
	cm
	cm

2 Zeichne die Strecken.

a) 4 cm
b) 9 cm
c) 2 cm
d) 11 cm
e) 6 cm
f) 12 cm

a)
b)
c)
d)
e)
f)

3 Ordne die Längen richtig zu.

1 cm | 15 cm | 30 cm | 80 cm | 1 m | 2 m | 4 m

4 Große Längen – kleine Längen. Setze ein: m oder cm.

a) Das Tafellineal ist 1 ____ lang.
b) Der Schultisch ist 70 ____ hoch.
c) Das Heft ist 21 ____ breit.
d) Die Klasse ist 600 ____ breit.
e) Der Schulweg ist 400 ____ lang.
f) Niko kann 3 ____ weit springen.

1 Mit den AUGEN sehen wir Farben und Formen.

65 + 4 =	69	A
33 + 2 =	35	u
24 + 3 =	27	g
51 + 6 =	57	E
82 + 6 =	88	N

Augen

2 Mit den OhrEN hören wir Töne und Geräusche.

97 + 2 =	99	O
41 + 7 =	48	h
62 + 3 =	65	r
57 + 0 =	57	E
83 + 5 =	88	N

3 Mit der NASE riechen wir den Duft der Blumen.

80 + 8 =	88	N
66 + 3 =	69	A
72 + 4 =	76	S
54 + 3 =	57	E

Nase

4 Mit der Zunge schmecken wir. Ist etwas süß, sauer, salzig oder bitter?

40 + 9 =	49	Z
32 + 3 =	35	u
86 + 2 =	88	h
22 + 5 =	27	g
53 + 4 =	57	E

Zunge

5 Mit der HAUt tasten wir. Wir fühlen, wie Dinge sind: hart oder weich, kalt oder heiß, glatt oder rau.

42 + 6 =	48	H
67 + 2 =	69	A
31 + 4 =	35	U
33 + 6 =	39	T

Haut

27	35	39	48	49	57	65	69	76	88	99
G	U	T	H	Z	E	R	A	S	N	O

Addieren mit Überschreiten

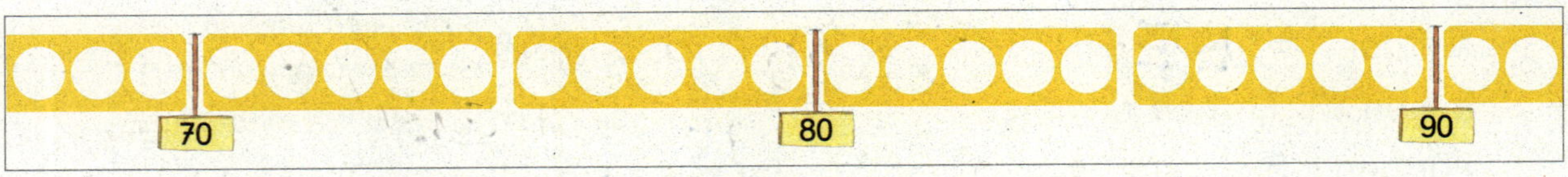

1 Zeige mit den Stiften und löse dann mit dem Rechenstrich.

a) 74 + 8 = 82 b) 77 + 6 = 83 c) 78 + 7 = 85

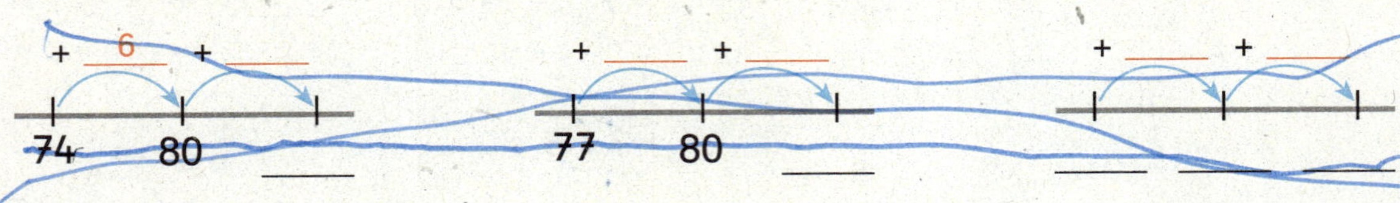

2 Löse mit dem Rechenstrich.

a) 76 + 5 = 81 b) 78 + 6 = 84 c) 55 + 8 = 63

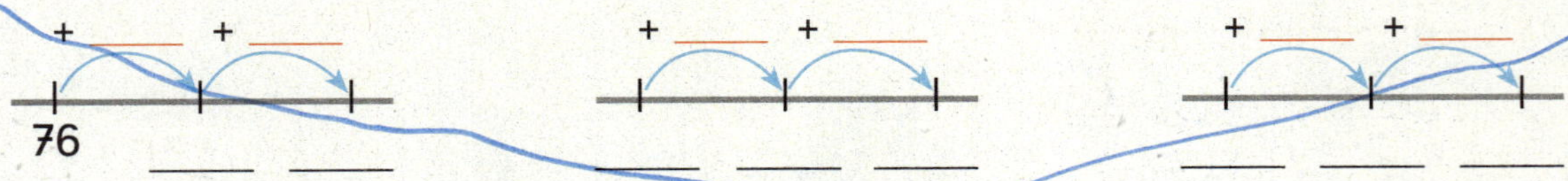

d) 46 + 7 = 53 e) 37 + 9 = 46 f) 89 + 4 = 93

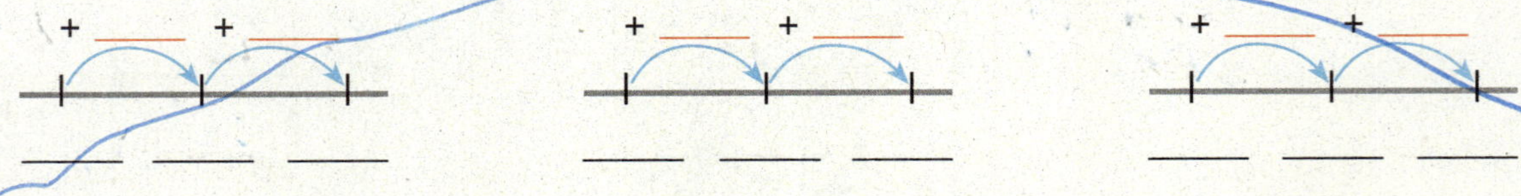

3 Rechne zuerst. Dann kontrolliere dich selbst.

a)	b)	c)	d)
27 + 5 = 32	14 + 8 = 22	66 + 5 = 71	94 + 6 = 100
57 + 5 = 62	27 + 8 = 35	77 + 7 = 84	36 + 7 = 43
67 + 5 = 72	66 + 8 = 74	44 + 8 = 52	47 + 9 = 57

22 32 35 43 52 56 62 71 72 74 84 94 100

4 Manchmal hilft die Tauschaufgabe.

a)	b)	c)	d)
8 + 36 = 44	54 + 7 = 61	4 + 88 = 92	6 + 77 = 83
6 + 47 = 53	66 + 8 = 74	9 + 48 = 57	8 + 37 = 45
4 + 59 = 63	88 + 5 = 93	7 + 47 = 54	5 + 66 = 71

44 45 53 54 57 61 63 71 74 81 83 92 93

5

a)

	66	
58		8
54	4	4

b)

	77	
7		57
2	5	70

c)

	67	
59		8
53	6	2

d)

	68	
11		57
7	3	62

1 a) 57 + 9 = 66
82 + 9 = 97

b) 36 + 9 = 45
48 + 9 = 57

c) 66 + 9 = 75
77 + 9 = 86

45 57 66 68 75 86 91

2 a) 39 + 4 = 43
49 + 3 = 52

b) 89 + 7 = 96
79 + 5 = 84

c) 59 + 6 = 65
69 + 8 = 77

43 52 65 77 84 86 96

3 a) 66 + 7 + 4 = 77
28 + 9 + 2 = 39
57 + 8 + 3 = 68

b) 74 + 8 + 6 = 88
49 + 7 + 1 = 57
82 + 9 + 8 = 99

c) 16 + 9 + 4 = 29
35 + 8 + 5 = 48
18 + 6 + 2 = 26

26 29 39 48 49 57 68 77 88 99

4 Wie geht es weiter?

a)
33 + 6 = 39
33 + 7 = 40
33 + 8 = 41
33 + 9 = 42

b)
67 + 4 = 71
68 + 4 = 72
69 + 4 = 73
70 + 4 74

c)
45 + 8 = 53
55 + 8 = 63
65 + 8 = 73
75 + 8 = 83

5 a)
68 + 4 = 72
69 + 5 = 74
70 + 6 = 76
71 + 7 = 78

b)
35 + 9 = 42
36 + 8 = 44
37 + 7 = 44
38 + 6 = 40

c)
26 + 5 = 31
36 + 6 = 42
46 + 7 = 53
33 + 5 = 38

6 Jede Regel gehört zu einem Päckchen in Aufgabe 5.
Setze die Regeln fort und ordne sie dem richtigen Päckchen zu.

Regel A	Regel B	Regel C
Erste Zahl immer 10 mehr, zweite Zahl immer 1 mehr, Ergebnis immer ______.	Erste Zahl immer 1 mehr, zweite Zahl immer 1 mehr, Ergebnis immer ______.	Erste Zahl immer 1 mehr, zweite Zahl immer 1 weniger, Ergebnis immer ______.
Päckchen ____	Päckchen ____	Päckchen ____

Subtrahieren in einem Zehner

1 Berat geht schwimmen.

36 – 4 =	32	S
53 – 3 =	50	C
70 – 6 =	64	H
95 – 2 =	93	W
88 – 7 =	81	I
49 – 6 =	43	M
50 – 7 =	43	m
79 – 8 =	71	E
25 – 3 =	22	n

schwimmen

2 Sein Freund Fabio spielt lieber mit seinem Hund.

68 – 4 =	64	H
59 – 2 =	57	U
29 – 7 =	22	n
38 – 3 =	35	D

Hund

3 Dona malt gerne Bilder.

86 – 2 =	84	B
89 – 8 =	81	I
27 – 3 =	24	L
40 – 5 =	35	D
80 – 9 =	71	E
100 – 6 =	94	r

Bilder

4 Leonie liest gerne. Ihre Oma sagt, Leonie ist ein Bücherwurm.

85 – 1 =	84	B
79 – 6 =	73	ü
59 – 9 =	50	c
66 – 2 =	64	h
74 – 3 =	71	E
99 – 5 =	94	R
93 – 0 =	93	W
60 – 3 =	57	U
96 – 2 =	94	r
48 – 5 =	43	m

Bücherwurm

5 Oskar übt Gitarre.

40 – 7 =	33	G
86 – 5 =	81	I
50 – 3 =	47	T
69 – 3 =	66	A
98 – 4 =	94	R
95 – 1 =	94	r
80 – 9 =	71	E

Gitarre

22	24	32	33	35	43	47	50	57	64	66	71	73	81	84	93	94
N	L	S	G	D	M	T	C	U	H	A	E	Ü	I	B	W	R

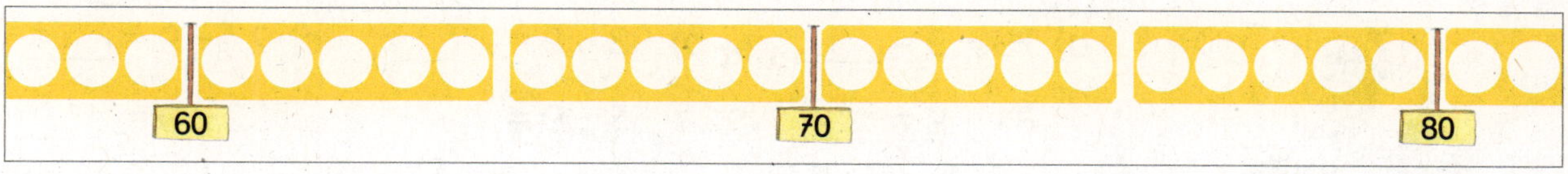

1 Zeige mit den Stiften und löse dann mit dem Rechenstrich.

a) 73 – 7 = ____

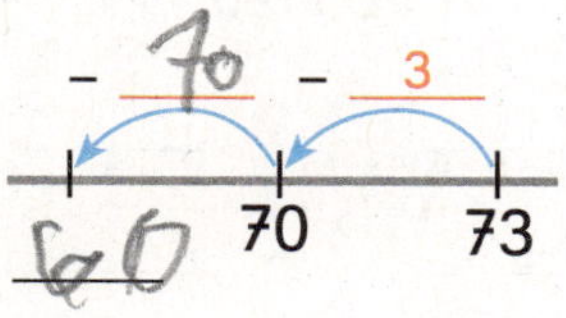

b) 75 – 8 = ____

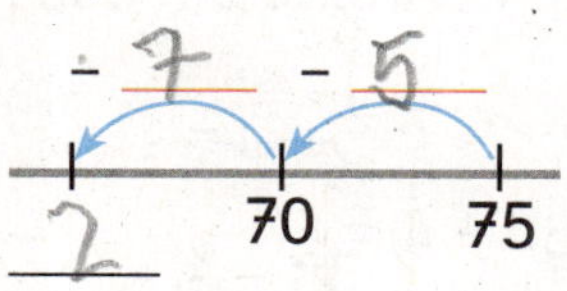

c) 74 – 6 = ____

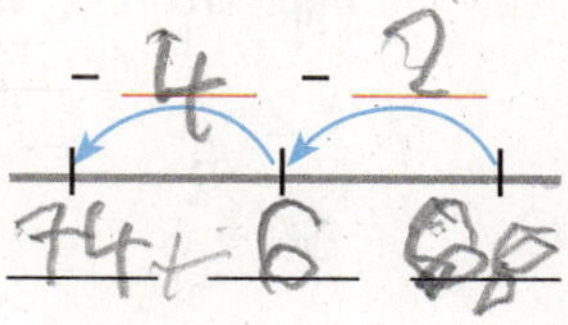

2 Löse mit dem Rechenstrich.

a) 74 – 8 = ____

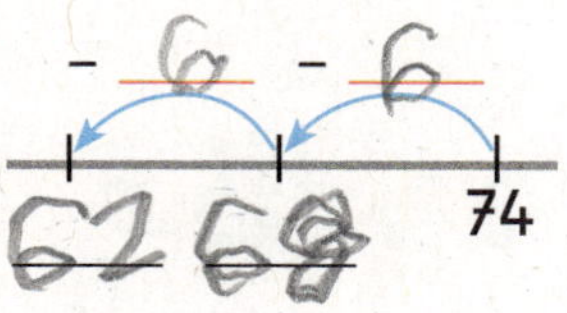

b) 81 – 5 = ____

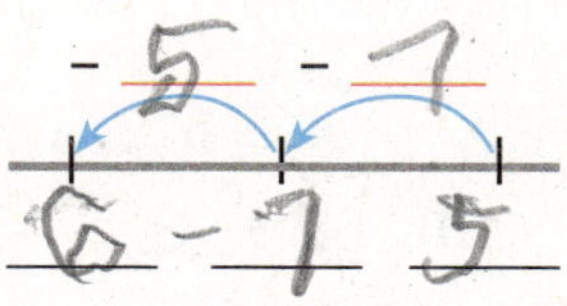

c) 63 – 6 = ____

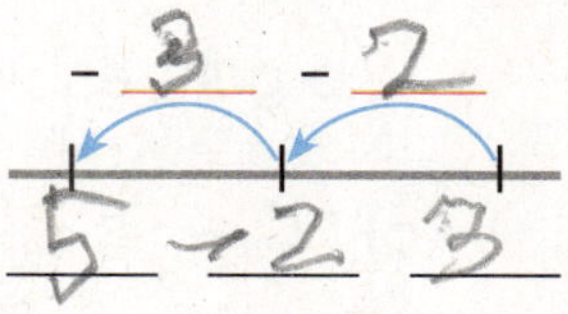

d) 96 – 9 = ____

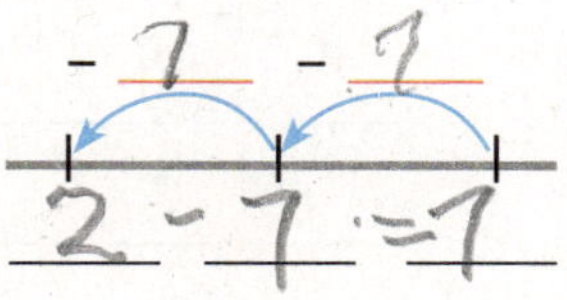

e) 53 – 4 = ____

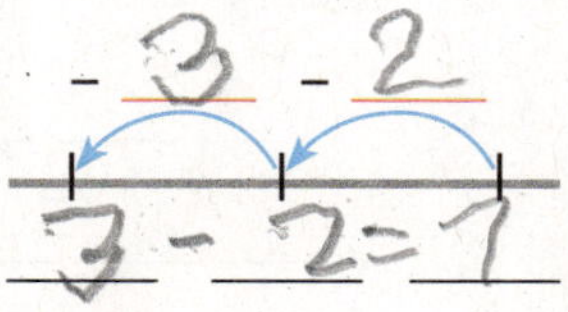

f) 42 – 7 = ____

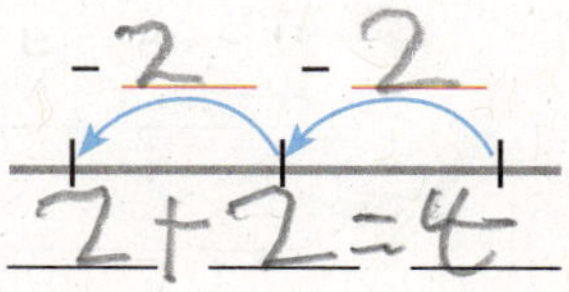

3

a)	b)	c)	d)
24 – 6 = ____	42 – 8 = ____	21 – 5 = ____	45 – 7 = ____
64 – 6 = ____	72 – 8 = ____	41 – 5 = ____	55 – 7 = ____
94 – 6 = ____	92 – 8 = ____	61 – 5 = ____	85 – 7 = ____

16 18 34 36 38 48 54 56 58 64 78 84 88

4

a)	b)	c)	d)
33 – 7 = ____	36 – 8 = ____	52 – 8 = ____	94 – 8 = ____
22 – 6 = ____	54 – 7 = ____	61 – 4 = ____	72 – 5 = ____
44 – 9 = ____	41 – 3 = ____	92 – 7 = ____	87 – 9 = ____

16 26 28 35 38 44 47 57 67 68 78 85 86

5

a)

b)

c)

d)

Den Zahlenblick schärfen

1
a) 73 − 9 = ____
81 − 9 = ____
66 − 9 = ____

b) 93 − 9 = ____
55 − 9 = ____
48 − 9 = ____

c) 27 − 9 = ____
32 − 9 = ____
99 − 9 = ____

18 23 39 46 57 64 67 72 84 90

2 Achte auf die Ergebnisse. Schreibe ein passendes Päckchen dazu.

a) 52 − 8 = ____
50 − 6 = ____

b) 63 − 7 = ____
60 − 4 = ____

c) 74 − 6 = ____
70 − 2 = ____

d) ____________
____

3
a) 73 − 7 − 3 = ____
44 − 4 − 9 = ____

b) 36 − 8 − 6 = ____
82 − 8 − 2 = ____

c) 49 − 9 − 1 = ____
93 − 6 − 3 = ____

4 Wie geht es weiter?

a)
44 − 5 = ____
44 − 6 = ____
44 − 7 = ____
44 − ____
____

b)
62 − 8 = ____
62 − 7 = ____
62 − 6 = ____
____
____

c)
71 − 8 = ____
72 − 8 = ____
73 − 8 = ____
____
____

5
a)
91 − 4 = ____
81 − 4 = ____
71 − 4 = ____
____
____

b)
82 − 5 = ____
83 − 6 = ____
84 − 7 = ____
____
____

c)
34 − 6 = ____
44 − 6 = ____
54 − 6 = ____
____
____

6 Jede Regel gehört zu einem Päckchen in Aufgabe 5.
Setze die Regeln fort und ordne sie dem richtigen Päckchen zu.

Regel A
Erste Zahl immer 10 mehr, zweite Zahl immer gleich, Ergebnis immer ____________.

Päckchen ____

Regel B
Erste Zahl immer 10 weniger, zweite Zahl immer gleich, Ergebnis immer ____________.

Päckchen ____

Regel C
Erste Zahl immer 1 mehr, zweite Zahl immer 1 mehr, Ergebnis immer ____________.

Päckchen ____

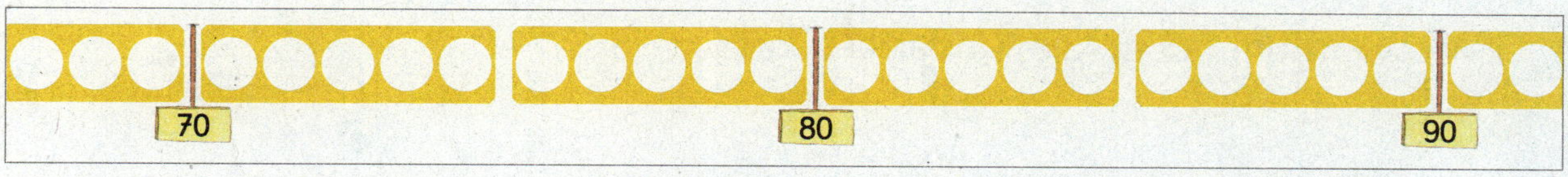

1 Zeige mit den Stiften und löse dann mit dem Rechenstrich.

a) 75 + ____ = 82 b) 77 + ____ = 85 c) 88 + ____ = 91

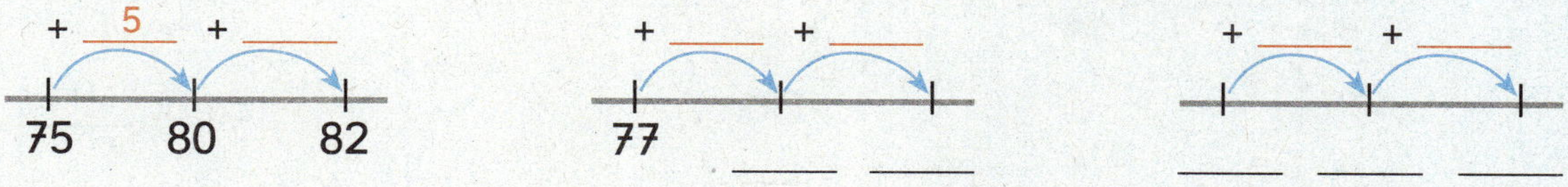

2 Löse mit dem Rechenstrich.

a) 69 + ____ = 74 b) 56 + ____ = 62 c) 38 + ____ = 42

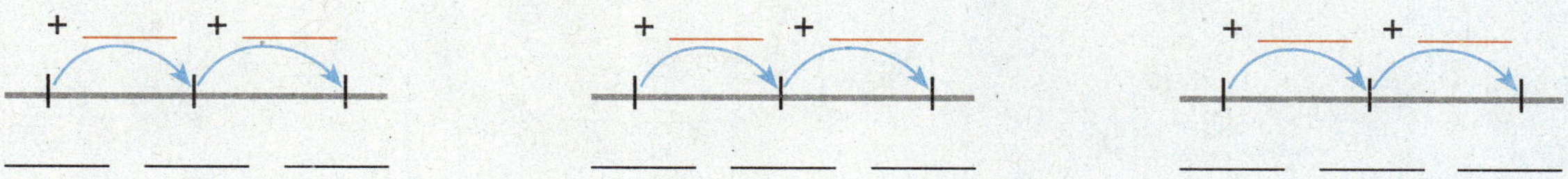

3

a)	b)	c)	d)
46 + ____ = 53	37 + ____ = 42	19 + ____ = 24	83 + ____ = 91
46 + ____ = 51	35 + ____ = 42	25 + ____ = 33	68 + ____ = 71
46 + ____ = 55	39 + ____ = 42	57 + ____ = 63	36 + ____ = 41

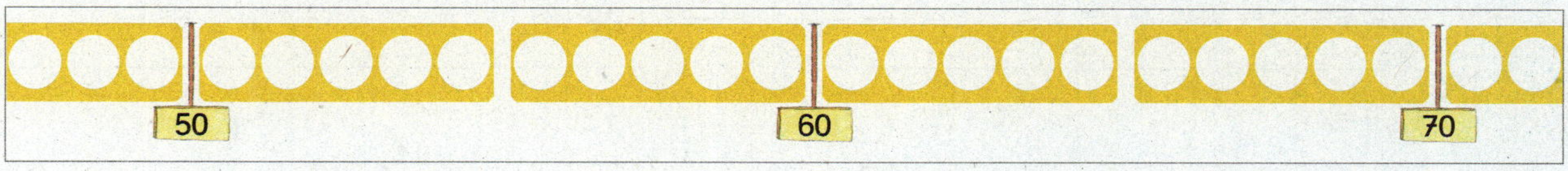

4 Zeige mit den Stiften und löse dann mit dem Rechenstrich.

a) 62 − ____ = 57 b) 65 − ____ = 59 c) 71 − ____ = 63

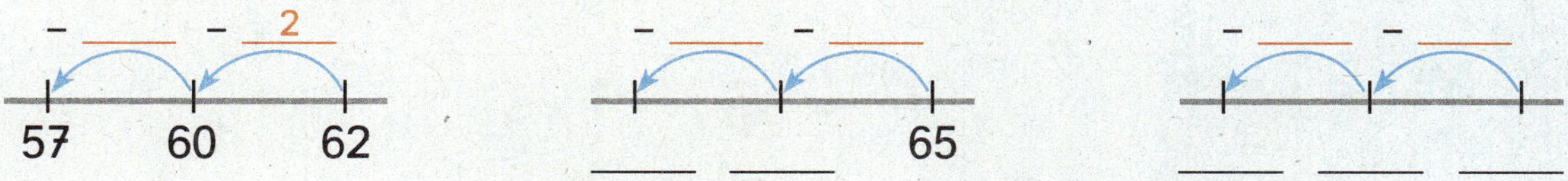

5 Löse mit dem Rechenstrich.

a) 84 − ____ = 77 b) 46 − ____ = 38 c) 92 − ____ = 86

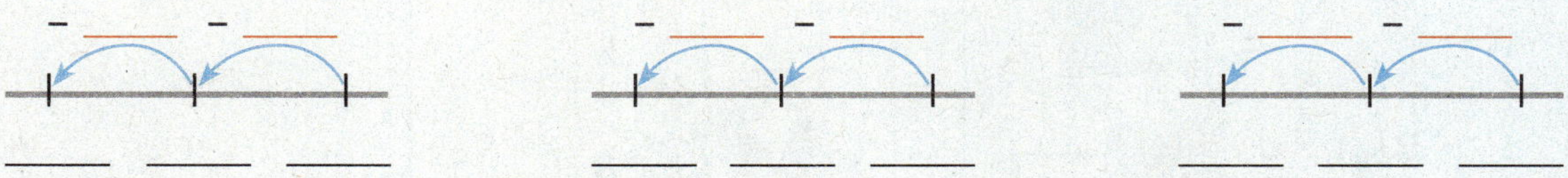

6

a)	b)	c)	d)
63 − ____ = 59	72 − ____ = 65	23 − ____ = 18	91 − ____ = 88
63 − ____ = 55	74 − ____ = 65	55 − ____ = 47	74 − ____ = 68
63 − ____ = 57	71 − ____ = 65	31 − ____ = 25	52 − ____ = 48

Rechnen mit Euro und Cent

1 Wie viel Euro haben die Kinder gespart?

a)

Nina: _____ €

b)

Finn: _____ €

c)

Esra: _____ €

2 Wie viel Cent liegen auf dem Teller?

a)
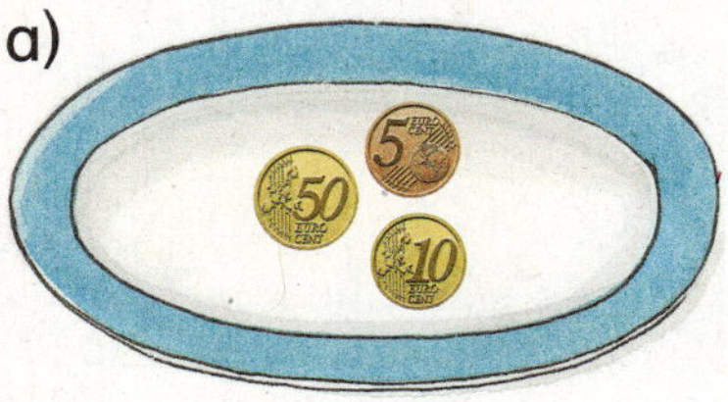
_____ ct

b)
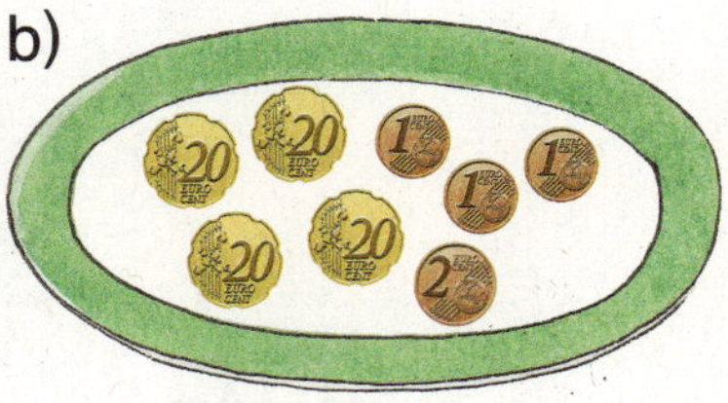
_____ ct

c)

_____ ct

3 Lege mit wenig Rechengeld und zeichne.

a)		b)	
53 €	50	15 ct	
46 €		27 ct	
29 €		52 ct	
32 €		90 ct	
81 €		46 ct	

4 a)
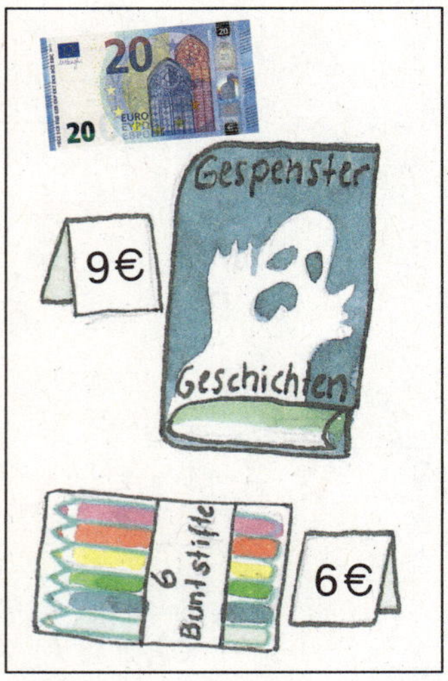

Zusammen: _____ €
Zurück: _____ €

b)

Zusammen: _____ €
Zurück: _____ €

c)
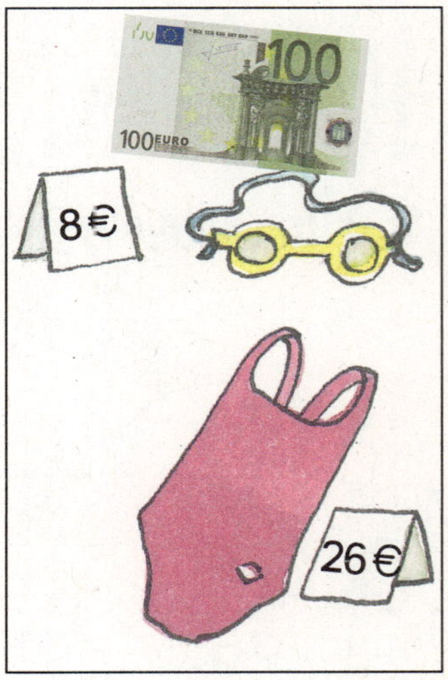

Zusammen: _____ €
Zurück: _____ €

1 immer + 4

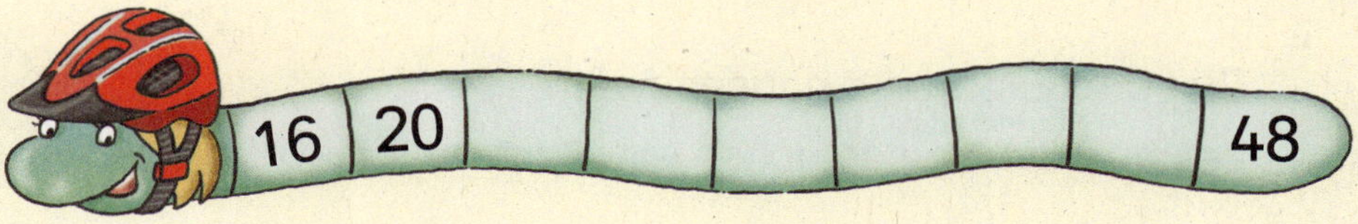

2 immer − 4

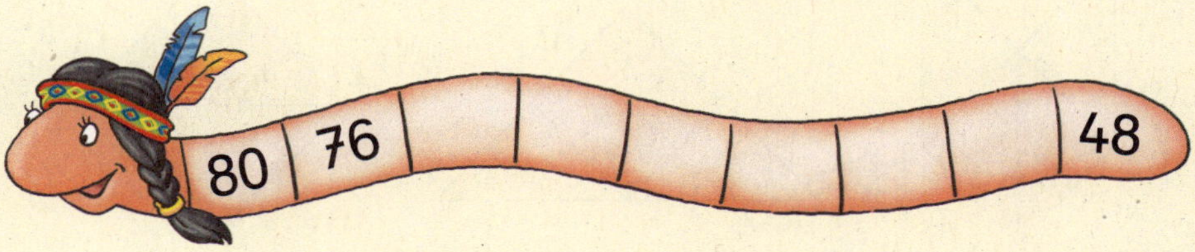

3 immer + 6

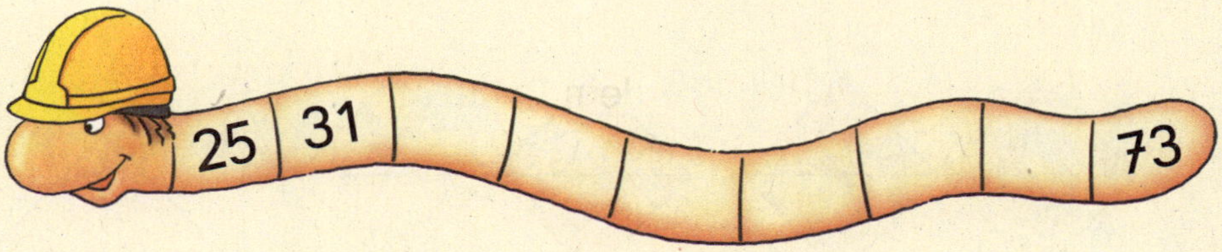

4 immer − 6

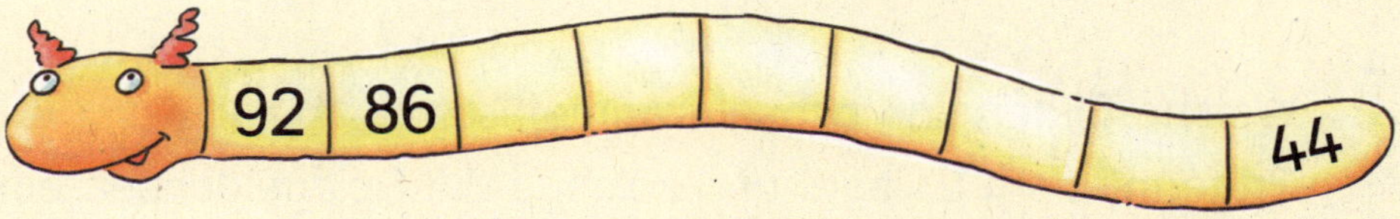

5 immer + 9

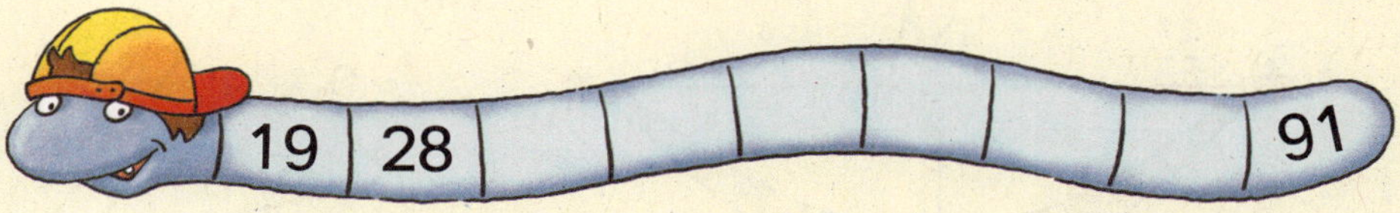

6 immer ____

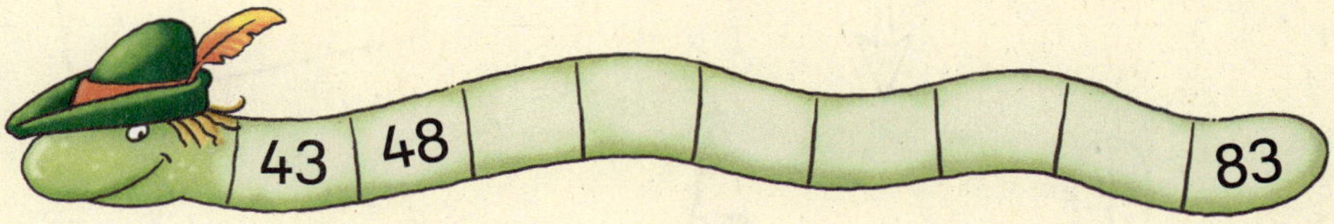

7 immer ____

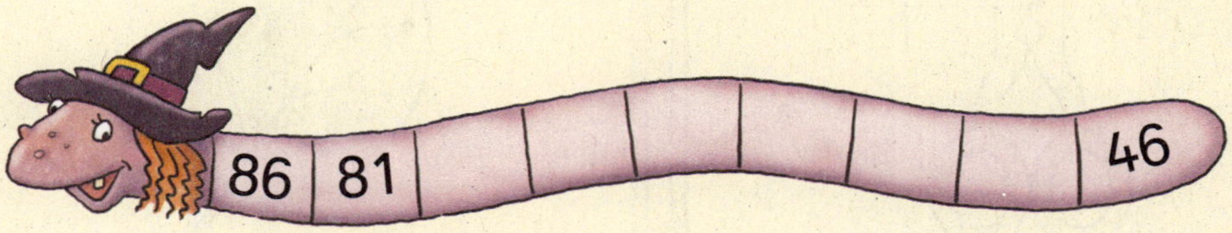

8 immer ____

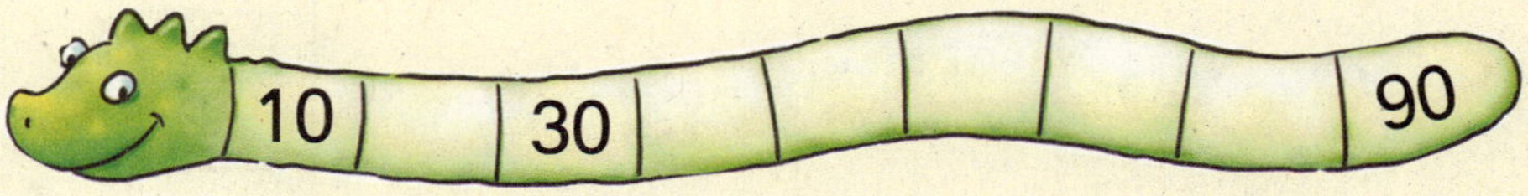

9 immer ____

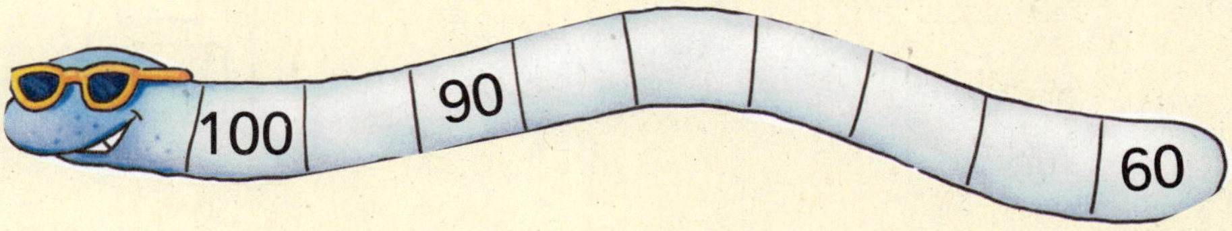

Achsensymmetrie

1 Diese Figuren sind achsensymmetrisch.
Zeichne die Spiegelachse ein. Prüfe mit dem Spiegel.

2 Welche Bilder sind achsensymmetrisch?
Prüfe mit dem Spiegel und zeichne die Spiegelachsen ein.

1 a) Welche Fragen kannst du beantworten, ohne zu rechnen? Kreuze an.

- ☐ Wie viel Geld kostet das Springseil?
- ☐ Was kauft Mutter ein?
- ☐ Für wen kauft Mutter die Sachen?
- ☐ Wie teuer ist das Buch?
- ☐ Wie viel Geld hat Mutter dabei?
- ☐ Wie viel Geld muss Mutter bezahlen?

b) Wie heißt die Frage, bei der du rechnen musst? Male das Kästchen rot an.

c) Schreibe die Rechenfrage (F), Lösung (L) und Antwort (A) auf.

F ______________________________

L ______________________________

A ______________________________

2 a) Welche Fragen kannst du beantworten, ohne zu rechnen? Kreuze an.

- ☐ Wie alt ist der Verkäufer?
- ☐ Wie viel Geld kostet der Bär?
- ☐ Wie viel Geld gibt Anna dem Verkäufer?
- ☐ Was möchte Anna noch kaufen?
- ☐ Wie viel Geld bekommt Anna zurück?
- ☐ Welche Farbe hat Annas Pulli?

b) Wie heißt die Frage, bei der du rechnen musst? Male das Kästchen rot an.

c) Schreibe die Rechenfrage (F), Lösung (L) und Antwort (A) auf.

F ______________________________

L ______________________________

A ______________________________

3 Ben kauft ein Auto für 8 € und einen Ball für 7 €.
Er bezahlt mit einem 20-€-Schein.

F ______________________________

L ______________________________

A ______________________________

Wichtig zum Rechnen

1 a) Welche Informationen sind wichtig zum Rechnen? Unterstreiche sie.

Lisa ist sieben Jahre alt.
Sie spielt seit 2 Monaten Basketball.
Timo spielt schon drei Jahre.
Heute zählen sie, wie viele Körbe
sie insgesamt werfen. Timo schafft 18 Körbe.
Lisa wirft sieben Körbe.
Um 18 Uhr müssen sie nach Hause gehen.

b) Schreibe Frage (F), Lösung (L) und Antwort (A) auf.

F ______________________________

L ______________________________

A ______________________________

2 Unterstreiche wichtige Informationen. Schreibe Frage, Lösung und Antwort auf.

Gestern waren zwei Spiele.
Das erste Spiel war um 11 Uhr,
das zweite Spiel um 15 Uhr.
Es waren insgesamt 70 Zuschauer da.
Zum ersten Spiel kamen 30 Zuschauer.
Mittags war Pause. Sie dauerte fast 3 Stunden.

F ______________________________

L ______________________________

A ______________________________

3

Heute sollen die Kinder zeigen,
wie gut sie Basketball spielen.
Paula und Jan sind auch dabei.
Paula ist 9 Jahre alt und Jan sieben Jahre.
Um 15 Uhr geht es los.
Paula schafft 23 Körbe.
Sie wirft acht Körbe mehr als Jan.

F ______________________________

L ______________________________

A ______________________________

1 Die Südschule hat ein Spiel- und Sportfest gefeiert.

Klasse	Gold-Urkunde	Silber-Urkunde	Bronze-Urkunde	nicht teilgenommen
1	3	11	10	1
2	5	10	9	0
3	3	13	6	2
4	4	12	7	1

a) In welcher Klasse gab es die meisten Gold-Urkunden? ______

b) In welcher Klasse gab es die wenigsten Bronze-Urkunden? ______

c) Wie viele Kinder der Südschule konnten nicht teilnehmen? ______

d) Wie viele Kinder haben insgesamt eine Gold-Urkunde bekommen? ______

e) Wie viele Kinder sind in der Klasse 1? ______

2 Sportunterricht in der Südschule

	Montag	Dienstag	Mittwoch	Donnerstag	Freitag
1. Stunde					
2. Stunde	Klasse 1	Klasse 2	Klasse 3	Klasse 2	
3. Stunde	Klasse 3		Klasse 1	Klasse 4	Klasse 1
4. Stunde			Klasse 2	Klasse 4	Klasse 3
5. Stunde		Klasse 4			

a) Welche Klassen haben am Dienstag Sport? ______

b) An welchen Tagen hat die Klasse 3 Sport? ______

c) An welchen Tagen hat die Klasse 4 Sport? ______

d) Wie viele Stunden Sport hat jede Klasse in einer Woche? ______

3 Die dritte und die vierte Klasse üben für das Sportabzeichen.
In jeder Klasse sind 24 Kinder. Alle möchten Bronze bekommen.
Sie haben aufgeschrieben, was sie schon gut können.

Klasse	800-m-Lauf	Werfen	Springen	30-m-Lauf
3	8	7	9	11
4	12	11	8	10

a) Wie viele Kinder der Klasse 3 müssen noch das Springen üben? ______

b) In welcher Klasse müssen noch mehr Kinder den 800-m-Lauf üben? ______

c) In welcher Klasse kann schon genau die Hälfte der Kinder den 800-m-Lauf? ______

zu den Seiten
54 – 56

Viele Mal-Aufgaben

1 Wie heißt die Mal-Aufgabe? Schreibe auch die Plus-Aufgabe.

a) 

____

____

b) 

____

____

c) 

____

____

2 a) 

____

____

b) 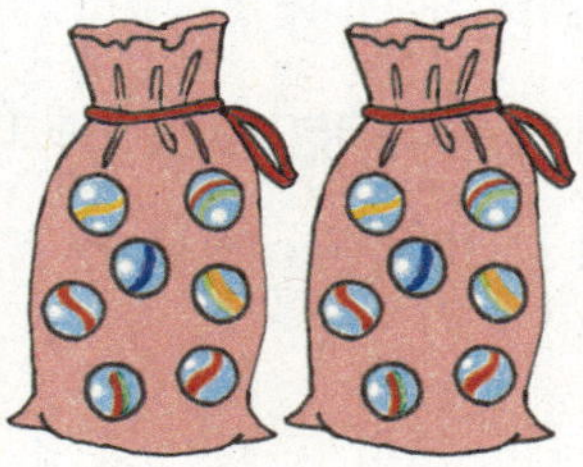

____

____

c) 

____

____

3 a) 

____

____

b) 

____

____

c) 

____

____

4 a) 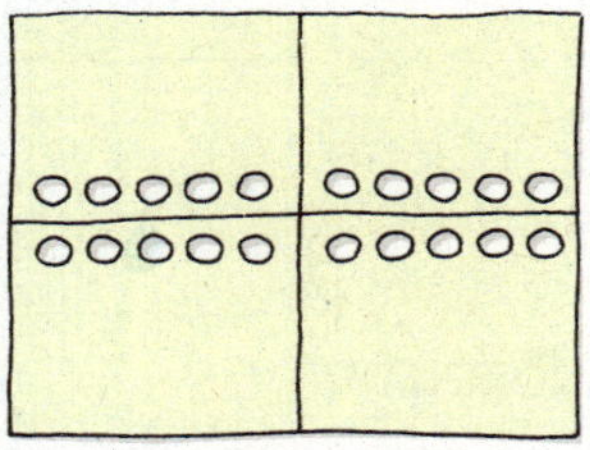

____

____

b) 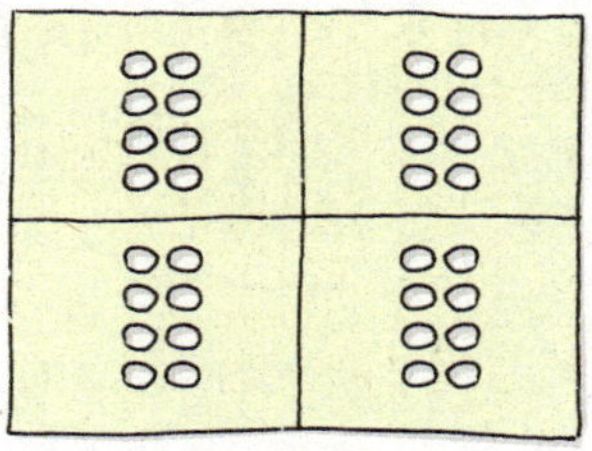

____

____

c) 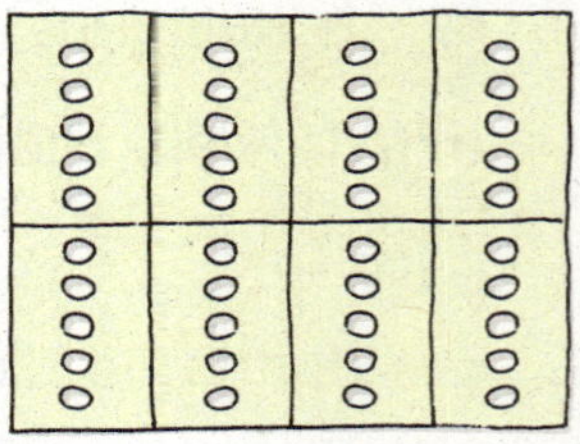

____

____

5 Schreibe die Mal-Aufgabe. Rechne aus.

a) $6 + 6 =$ ____
$2 \cdot 6 =$ ______________

b) $4 + 4 + 4 + 4 + 4 + 4 =$ ____
____

c) $7 + 7 + 7 =$ ____
____

d) $3 + 3 + 3 + 3 =$ ____
____

e) $5 + 5 + 5 + 5 + 5 + 5 =$ ____
____

f) $9 + 9 =$ ____
____

zu den Seiten 57/58

1

a) 

b) 

c) 

2

a) 1 · 4 = ____
0 · 4 = ____
4 · 0 = ____

b) 2 · 3 = ____
0 · 3 = ____
1 · 3 = ____

c) 0 · 2 = ____
1 · 2 = ____
2 · 2 = ____

d) 0 · 6 = ____
2 · 6 = ____
6 · 0 = ____

3 Aufgepasst!

a) 3 + 0 = ____
3 · 0 = ____
3 − 0 = ____

b) 0 · 5 = ____
0 + 5 = ____
5 − 5 = ____

c) 1 − 0 = ____
1 · 0 = ____
0 + 1 = ____

d) 0 − 0 = ____
0 + 0 = ____
0 · 0 = ____

4 Schreibe zu jedem Punktefeld zwei Mal-Aufgaben.

a) 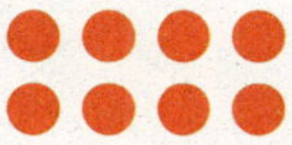

b) 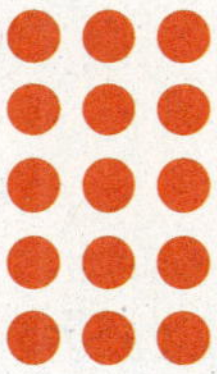

c) 

d) 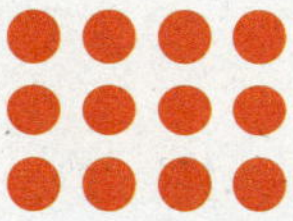

5 Zeichne zu jeder Mal-Aufgabe ein Feld. Schreibe die Tauschaufgabe dazu.

a) 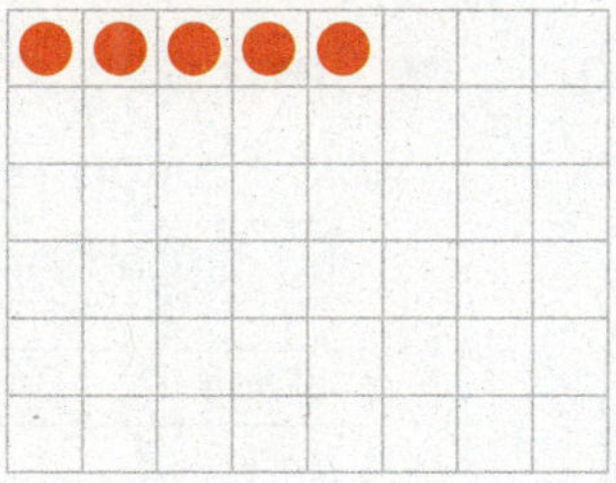

3 · 5 = ____

b) 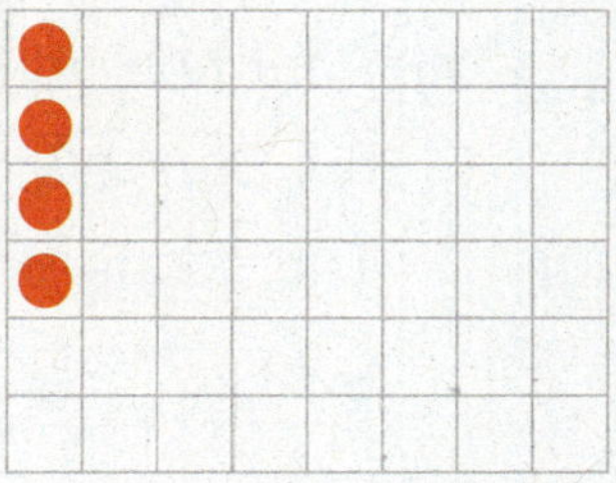

4 · 6 = ____

c) 

3 · 7 = ____

6 Rechne Aufgabe und Tauschaufgabe.

a) 6 · 5 = ____

b) 2 · 6 = ____

c) 8 · 2 = ____

d) 4 · 5 = ____

Einmal, zweimal, dreimal

1 Nimm immer zwei Plättchen.

a) Greife dreimal. 3 · 2 = ______

b) Greife fünfmal. ______

c) Greife zehnmal. ______

d) Greife neunmal. ______

2 Nimm immer fünf Plättchen.

a) Greife einmal. ______

b) Greife dreimal. ______

c) Greife viermal. ______

d) Greife sechsmal. ______

3 Nimm immer sechs Plättchen.

a) Greife viermal. ______

b) Greife zweimal. ______

c) Greife dreimal. ______

d) Greife fünfmal. ______

4 Familie Müller bekommt jeden Tag fünf Brötchen.

Schreibe die Mal-Aufgabe. ____ · ____ = ____

Familie Müller bekommt jede Woche ____ Brötchen.

5 Wie viele Brötchen holen die Kinder in einer Woche? Fülle die Tabellen aus.

a) Lisa holt jeden Tag 3 Brötchen. Auch am Samstag und Sonntag.

Tage	Brötchen
1	3
2	6
3	
4	
5	
6	
7	

Lisa holt ____ Brötchen in einer Woche.

b) Paul holt von Montag bis Donnerstag jeden Tag sechs Brötchen.

Tage	Brötchen
1	6
2	

Paul holt ____ Brötchen in einer Woche.

c) Anna holt von Montag bis Freitag jeden Tag vier Brötchen.

Tage	Brötchen
1	4
2	

Anna holt ____ Brötchen in einer Woche.

1 Welche Zahlen werden hier gezeigt? Schreibe die Zahlen in die Ballons.

a)
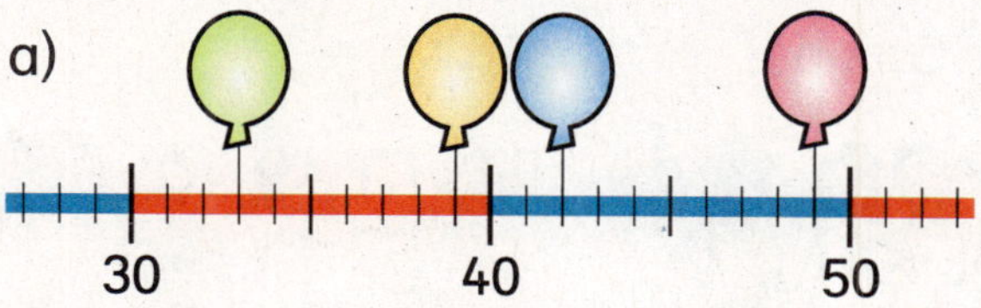

b)

c)
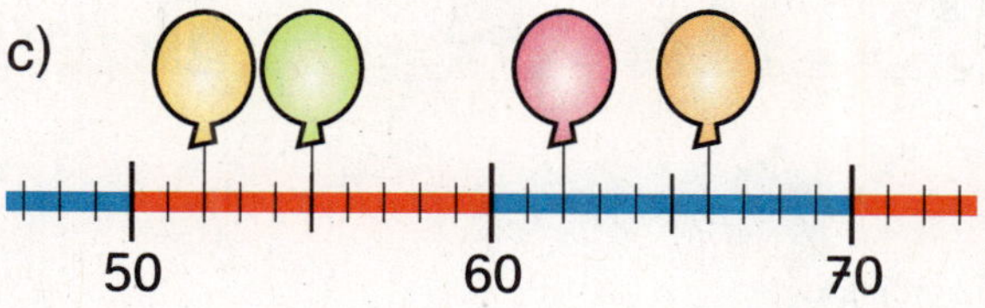

d)
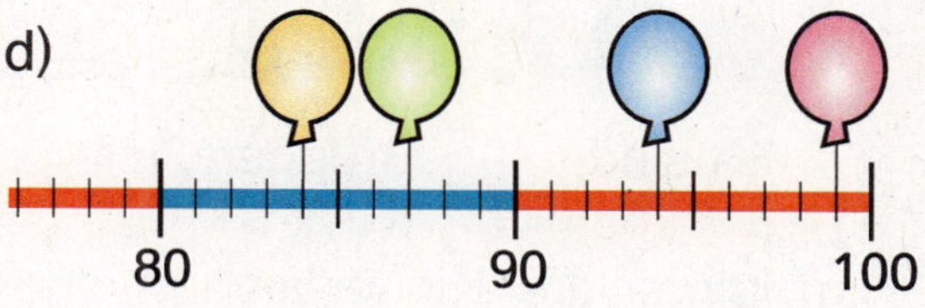

2 Zeichne die Ballons: ~~7~~ 14 21 36 43 52 59 68

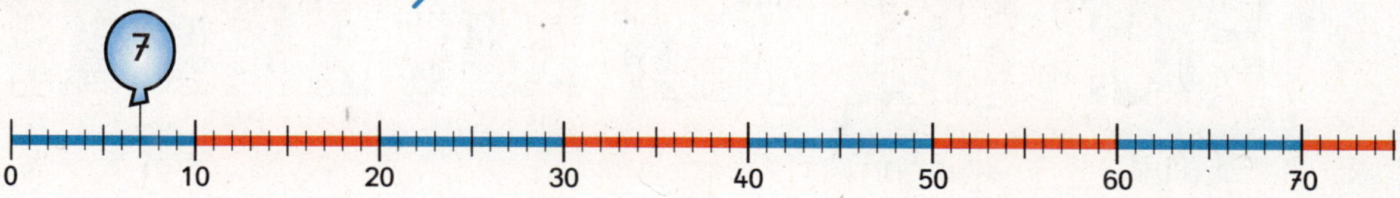

3 Schau genau hin. Welche Zahlen werden hier gezeigt?
Wie heißen die Nachbarzehner? Schreibe die Zahlen in die Ballons.

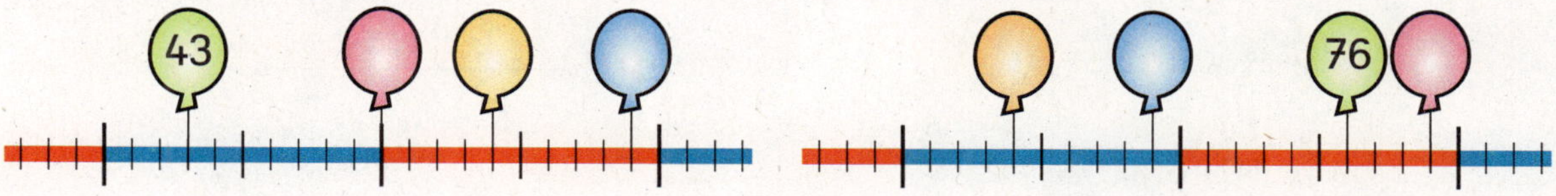

4

Zahlix macht Zweier-Sprünge.
Wo landet er?

a) drei Zweier-Sprünge: $3 \cdot 2 =$ ____

b) fünf Zweier-Sprünge: ________

c) sechs Zweier-Sprünge: ________

d) acht Zweier-Sprünge: ________

5
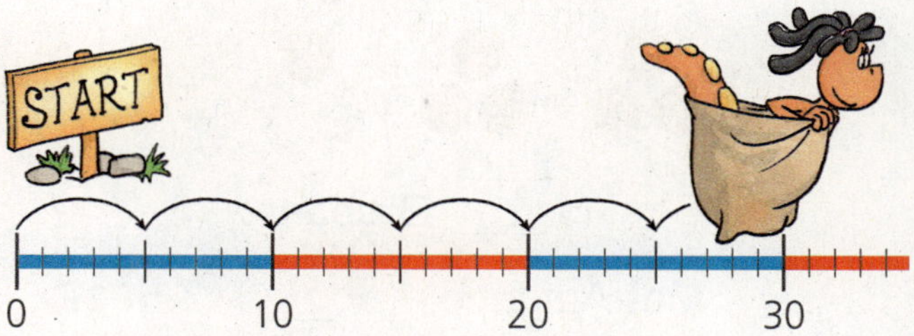

Zahline macht Fünfer-Sprünge.
Wo landet sie?

a) drei Fünfer-Sprünge: ________

b) fünf Fünfer-Sprünge: ________

c) sechs Fünfer-Sprünge: ________

d) acht Fünfer-Sprünge: ________

6 Achter-Sprünge bis 80. Wie geht es weiter? Schreibe die Zahlen bis 80 auf.

8, 16, ____, ____, ____, ____, ____, ____, ____, 80

zu den Seiten
62/63

Durch-Aufgaben

1 Es sind 18 Kinder.

a) Immer sechs Kinder sind in einer Gruppe. 18 : 6 = ____

Es sind ____ Gruppen.

b) Immer drei Kinder sind in einer Gruppe. ______________

Es sind ____ Gruppen.

2 Es sind 24 Kinder. Wie viele Gruppen sind es?

a) Vier Kinder sind in einer Gruppe.

24 : 4 = ____

b) Drei Kinder sind in einer Gruppe.

____

3 Es sind 12 Plättchen. Immer drei Plättchen in einer Gruppe.

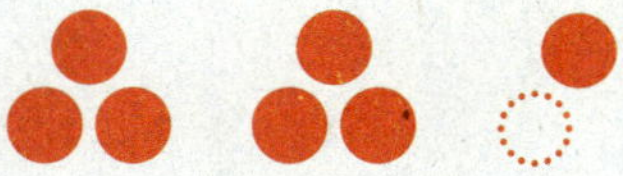

Es sind ____ Gruppen.

Mal-Aufgabe: ____ · 3 = 12

Durch-Aufgabe: 12 : 3 = ____

4 Es sind 12 Plättchen. Immer zwei Plättchen in einer Gruppe.

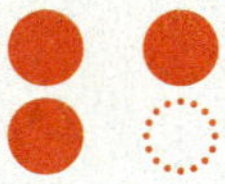

Es sind ____ Gruppen.

Mal-Aufgabe: ____ · 2 = 12

Durch-Aufgabe: 12 : 2 = ____

5 Es sind 16 Plättchen. Immer vier Plättchen in einer Gruppe.

Es sind ____ Gruppen.

Mal-Aufgabe: ______________

Durch-Aufgabe: ______________

6 Es sind 16 Plättchen. Immer acht Plättchen in einer Gruppe.

Es sind ____ Gruppen.

Mal-Aufgabe: ______________

Durch-Aufgabe: ______________

1 Alles verdoppelt.

a) Zahlix hat … 2 Jungen haben … b) Zahline hat … 2 Mädchen haben …

2 Wie heißt die passende Mal-Aufgabe? Rechne.

a) das Doppelte von 7 $2 \cdot 7 =$ ______ b) das Doppelte von 9 ______

c) das Doppelte von 8 ______ d) das Doppelte von 10 ______

e) das Doppelte von 12 ______ f) das Doppelte von 50 ______

3 Schreibe zu jeder Aufgabe auch die Tauschaufgabe.

a) $2 \cdot 5 =$ ____ b) $2 \cdot 3 =$ ____ c) $2 \cdot 4 =$ ____ d) $2 \cdot 6 =$ ____

$5 \cdot 2 =$ ______ ______ ______ ______

4 Teile gerecht: eine Hälfte für Zahlix, eine Hälfte für Zahline.

a) 10 Plättchen

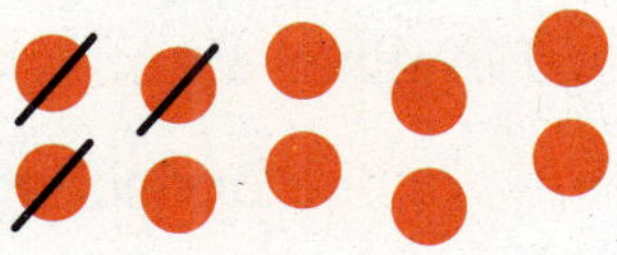

Zahlix	●	●			
Zahline	●				

$10 : 2 =$ ____

____ für Zahlix.

____ für Zahline.

b) 14 Plättchen

Zahlix							
Zahline							

$14 : 2 =$ ____

____ für Zahlix.

____ für Zahline.

5 Wie heißt die passende Durch-Aufgabe? Rechne.

a) die Hälfte von 6 $6 : 2 =$ ______ b) die Hälfte von 4 ______

c) die Hälfte von 8 ______ d) die Hälfte von 12 ______

e) die Hälfte von 40 ______ f) die Hälfte von 100 ______

zu Seite 66

Verteilen

1 Verteile gerecht.

a) 16 rote Plättchen, 4 Teller

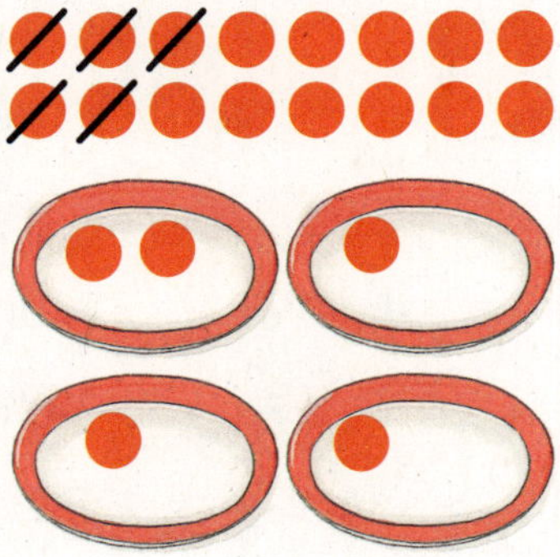

16 : 4 = ____

Es sind ____ rote Plättchen auf jedem Teller.

b) 24 blaue Plättchen, 6 Teller

24 : ____ = ____

Es sind ____ blaue Plättchen auf jedem Teller.

2 Verteile. Zeichne und schreibe die Durch-Aufgabe.

a) 15 grüne Plättchen, 5 Teller

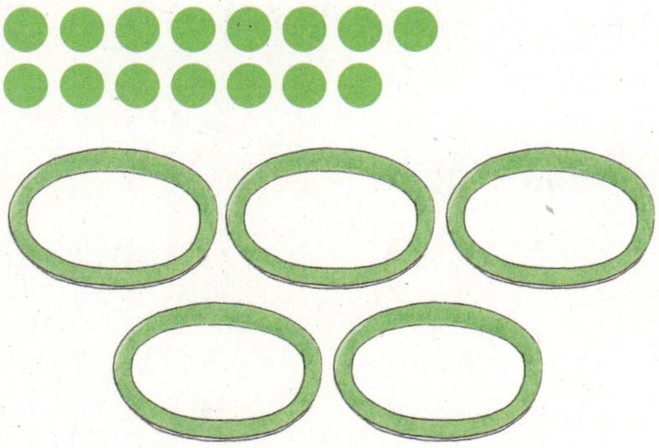

15 : ____ = ____

b) 18 gelbe Plättchen, 6 Teller

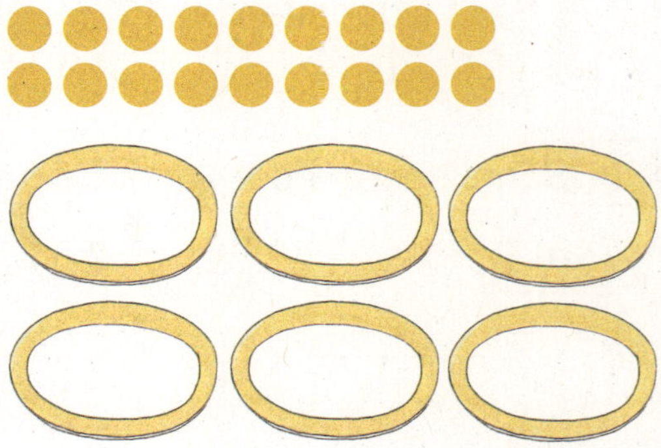

____ : ____ = ____

3 24 Kinder bilden Mannschaften. Wie viele Kinder sind in einer Mannschaft?

a) 4 Mannschaften

24 : 4 = ____

b) 6 Mannschaften

____

c) 3 Mannschaften

____

4 36 Kinder bilden Mannschaften. Wie viele Kinder sind in einer Mannschaft?

a) 6 Mannschaften

____

b) 4 Mannschaften

____

c) 9 Mannschaften

____

5 18 Kinder bilden Mannschaften. Wie viele Kinder sind in einer Mannschaft?

a) 3 Mannschaften

____

b) 9 Mannschaften

____

c) 2 Mannschaften

____

zu den Seiten 68/69

1 Mette legt viele Mauern mit diesen Formen.
Zu einer Mauer gehören ein Rechteck und ein Quadrat.
Wie viele verschiedene Mauern kann sie legen?

a) Zeichne alle Möglichkeiten auf.

b) Schreibe eine passende Mal-Aufgabe. ______________

2 Wie viele verschiedene Mauern kann Max legen?

a) Zeichne alle Möglichkeiten auf.

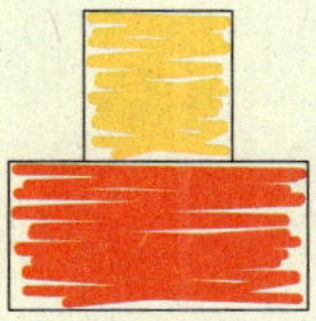

b) Schreibe eine passende Mal-Aufgabe. ______________

3 Wie viele verschiedene Mauern kann Ronja legen? __________

Schreibe eine passende Mal-Aufgabe.

____

4 Wie viele verschiedene Mauern kann Hannes legen? __________

Schreibe eine passende Mal-Aufgabe.

____

5 Tim hat fünf Rechtecke und drei Quadrate.
Wie viele verschiedene Mauern kann er legen? __________
Wie heißt die passende Mal-Aufgabe? ______________

Einmaleins mit 2

1 a)

4 · 2 = ____

b)

____

c)

____

2 a) 5 · 2 = ____ b) 10 · 2 = ____ c) 2 · 2 = ____ d) 1 · 2 = ____

7 · 2 = ____ 9 · 2 = ____ 3 · 2 = ____ 8 · 2 = ____

3 Denke an die Tauschaufgabe.

a) 2 · 6 = ____ b) 2 · 4 = ____ c) 2 · 7 = ____ d) 2 · 9 = ____

2 · 3 = ____ 2 · 5 = ____ 2 · 8 = ____ 2 · 0 = ____

4 Welche Zahlen gehören zur Zweier-Reihe? Kreise die Zahlen der Zweier-Reihe ein. Schreibe die Mal-Aufgabe dazu.

1 4 5 8 11 13 16 17 18

____ ____ ____ ____

5 Wie viele Zweier-Sprünge sind es? Schreibe die Durch-Aufgabe.

a)

b)

c)

d)

6 : 2 = ____ ____ ____ ____

6 a) 12 : 2 = ____ b) 4 : 2 = ____ c) 10 : 2 = ____ d) 0 : 2 = ____

2 : 2 = ____ 8 : 2 = ____ 16 : 2 = ____ 22 : 2 = ____

7 Verbinde alle Zahlen der Zweier-Reihe.

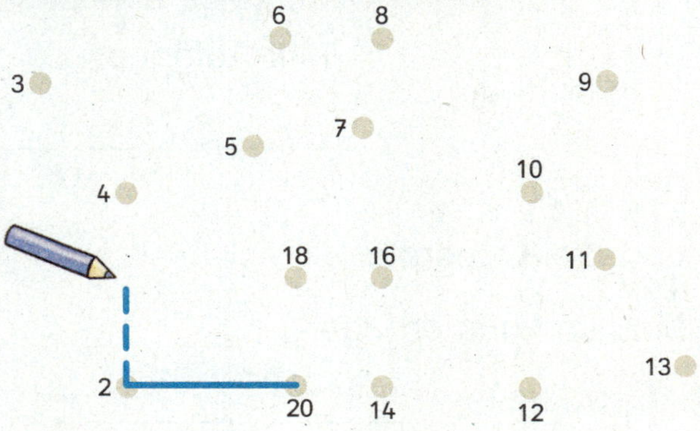

1 a)

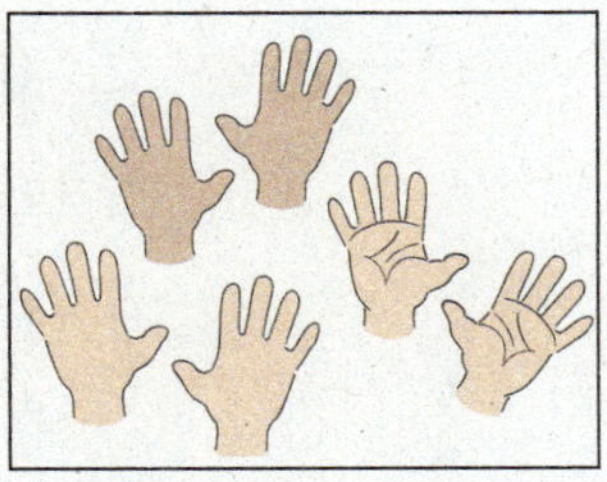

b)

c)

$3 \cdot 10 =$ ____   ____   ____

2 a) $4 \cdot 10 =$ ____   b) $1 \cdot 10 =$ ____   c) $7 \cdot 10 =$ ____   d) $10 \cdot 10 =$ ____

$6 \cdot 10 =$ ____ $5 \cdot 10 =$ ____ $8 \cdot 10 =$ ____ $9 \cdot 10 =$ ____

3 Wie viele Zehner-Sprünge sind es? Schreibe die Durch-Aufgabe.

a)

b)

c)

d)

$30 : 10 =$ ____   ____   ____   ____

4 a) $40 : 10 =$ ____   b) $20 : 10 =$ ____   c) $80 : 10 =$ ____   d) $100 : 10 =$ ____

$60 : 10 =$ ____ $0 : 10 =$ ____ $90 : 10 =$ ____ $30 : 10 =$ ____

5 a)

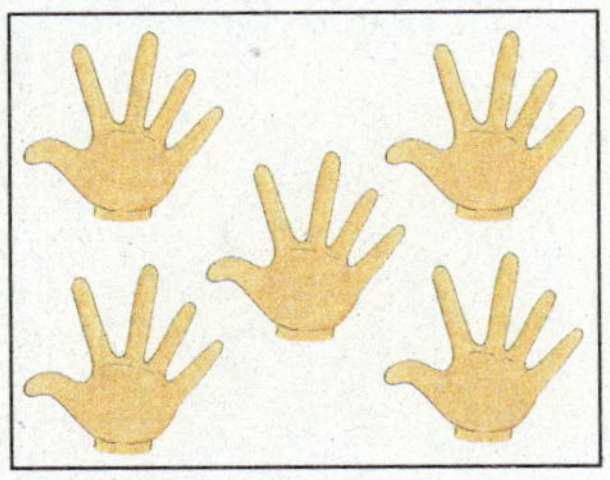

b)

c)

$5 \cdot 5 =$ ____   ____   ____

6 a) $2 \cdot 5 =$ ____   b) $6 \cdot 5 =$ ____   c) $10 \cdot 5 =$ ____   d) $8 \cdot 5 =$ ____

$1 \cdot 5 =$ ____ $7 \cdot 5 =$ ____ $9 \cdot 5 =$ ____ $0 \cdot 5 =$ ____

7 Wie viele Fünfer-Sprünge sind es? Schreibe die Durch-Aufgabe.

a)

b)

c)

d)

$20 : 5 =$ ____   ____   ____   ____

8 a) $10 : 5 =$ ____   b) $25 : 5 =$ ____   c) $40 : 5 =$ ____   d) $5 : 5 =$ ____

$30 : 5 =$ ____ $50 : 5 =$ ____ $45 : 5 =$ ____ $0 : 5 =$ ____

Sonnen-Aufgaben und Nachbaraufgaben

1

a) ☀ 2 · 9 = ___
☀ 5 · 9 = ___
☀ 10 · 9 = ___

b) ☀ 2 · 7 = ___
☀ 5 · 7 = ___
☀ 10 · 7 = ___

c) ☀ 2 · 6 = ___
☀ 5 · 6 = ___
☀ 10 · 6 = ___

2 Von Sonnen-Aufgaben zu Nachbaraufgaben.

a) ☀ 2 · 8 = ___
3 · 8 = ___

b) ☀ 2 · 4 = ___
3 · 4 = ___

c) ☀ 2 · 3 = ___
3 · 3 = ___

3

a) ☀ 10 · 8 = ___
9 · 8 = ___

b) ☀ 10 · 4 = ___
9 · 4 = ___

c) ☀ 10 · 3 = ___
9 · 3 = ___

4 Rechne zuerst die Sonnen-Aufgaben. Dann die Nachbaraufgaben.

a) 4 · 8 = ___
☀ 5 · 8 = ___
6 · 8 = ___

b) 4 · 4 = ___
☀ 5 · 4 = ___
6 · 4 = ___

c) 4 · 3 = ___
☀ 5 · 3 = ___
6 · 3 = ___

5 Welche Sonnen-Aufgabe nutzt du? Rechne zuerst deine Sonnen-Aufgabe.

a) ☀ 10 · 7 = ___
9 · 7 = ___

b) ☀ ___
6 · 7 = ___

c) ☀ ___
3 · 7 = ___

6 Welche Sonnen-Aufgabe nutzt du?

a) ☀ ___
6 · 9 = ___

b) ☀ ___
4 · 9 = ___

c) ☀ ___
9 · 9 = ___

7 Vor dem Zirkus stehen fünf Clowns. Jeder Clown hat vier Luftballons.

F Wie viele Luftballons sind es insgesamt?

L ___

A ___ Luftballons sind es insgesamt

8 Wie heißen die Zahlen?

a) Sie gehören zur Fünfer-Reihe. Sie sind kleiner als 20.

___

b) Sie gehören zur Zweier-Reihe. Sie sind größer als 15.

___

c) Sie gehören zur Zehner-Reihe und zur Fünfer-Reihe.

___

1 a)

$2 \cdot 3 =$ ____

b)

____

c)

____

2 Von den Sonnen-Aufgaben zu den Nachbaraufgaben.

a) $4 \cdot 3 =$ ____
☀ $5 \cdot 3 =$ ____
$6 \cdot 3 =$ ____

b) $1 \cdot 3 =$ ____
☀ $2 \cdot 3 =$ ____
$3 \cdot 3 =$ ____

c) $9 \cdot 3 =$ ____
☀ $10 \cdot 3 =$ ____
$11 \cdot 3 =$ ____

3 Denke an die Tauschaufgabe.

a) $3 \cdot 5 =$ ____
$3 \cdot 7 =$ ____

b) $3 \cdot 4 =$ ____
$3 \cdot 8 =$ ____

c) $3 \cdot 1 =$ ____
$3 \cdot 0 =$ ____

d) $3 \cdot 2 =$ ____
$3 \cdot 6 =$ ____

4 Sieben Kinder aus der 2a üben jonglieren. Jedes Kind hat drei Tücher.

F ____

L ____

A ____

5 Wie viele Dreier-Sprünge sind es? Schreibe die Durch-Aufgabe.

a)

$15 : 3 =$ ____

b)

____

c)

____

d)

____

6 a) $30 : 3 =$ ____
$27 : 3 =$ ____

b) $6 : 3 =$ ____
$12 : 3 =$ ____

c) $3 : 3 =$ ____
$0 : 3 =$ ____

d) $18 : 3 =$ ____
$21 : 3 =$ ____

7 In der Klasse 2b sind 23 Kinder.
Immer drei Kinder sind in einer Gruppe.

F Wie viele Gruppen sind es? Wie viele Kinder bleiben übrig?

L

A ____

____

Einmaleins mit 4

1 a)

3 · 4 = ____

b)

____

c)

____

2 Von den Sonnen-Aufgaben zu den Nachbaraufgaben

a) 1 · 4 = ____
2 · 4 = ____
3 · 4 = ____

b) 4 · 4 = ____
5 · 4 = ____
6 · 4 = ____

c) 9 · 4 = ____
10 · 4 = ____
11 · 4 = ____

3 Denke an die Tauschaufgabe.

a) 4 · 5 = ____
4 · 7 = ____

b) 4 · 3 = ____
4 · 8 = ____

c) 4 · 1 = ____
4 · 0 = ____

d) 4 · 2 = ____
4 · 6 = ____

4 Die Kinder aus der Klasse 2a trinken in der Pause Wasser. Für jedes Kind gibt es einen Becher. Es gibt sechs Stapel, immer vier Becher sind in einem Stapel.

F Wie viele Kinder sind in der Klasse?

L ____________________

A ____________________

5 Wie viele Vierer-Sprünge sind es? Schreibe die Durch-Aufgabe.

a)

20 : 4 = ____

b)

____

c)

____

d)

____

6 a) 16 : 4 = ____
28 : 4 = ____

b) 4 : 4 = ____
32 : 4 = ____

c) 40 : 4 = ____
36 : 4 = ____

d) 20 : 4 = ____
0 : 4 = ____

7 Die Klasse 2b hat 27 Trinkbecher. Immer vier Becher sollen in einen Stapel.

F Wie viele Stapel sind es? Wie viele Becher bleiben übrig?

L

A ____________________

____

1 a)

· 10	
4	
3	
7	

b)

· 3	
3	
6	
9	

c)

· 4	
6	
2	

2 a)

· 5	
2	
5	
	35

b)

· 4	
3	
5	
	32

c)

· 3	
4	
3	
	21

3 a)

· 2	
7	
	4
9	

b)

· 3	
3	
	21
	30

c)

· 4	
4	
	8
	24

4 a)

· 4	
2	
	28
	36

b)

· 3	
5	
	9
	24

5

· 5	
	20
7	

6 Wie heißen die Zahlen?

a) Sie liegen zwischen 20 und 40 und gehören zur Fünfer-Reihe.

____

b) Sie liegen zwischen 20 und 30 und gehören zur Dreier-Reihe.

____

c) Sie liegen zwischen 20 und 30 und gehören zur Vierer-Reihe.

____

7 a) Sie gehören zur Fünfer-Reihe, sind ungerade und kleiner als 30.

____

b) Sie gehören zur Dreier-Reihe, sind ungerade und größer als 10.

____

c) Sie gehören zur Vierer-Reihe, sind gerade und kleiner als 20.

____

Übungen

1 Unsere ersten Zähne heißen

__________ZÄHNE.

Sie muss man gut putzen.

7 · 3 =	21	M
5 · 5 =	____	
3 · 3 =	____	
4 · 2 =	____	
8 · 10 =	____	

M

2 Zuerst haben alle Kinder acht Schneidezähne, vier Eckzähne und acht __________ZÄHNE.

12 : 3 =	____	
28 : 4 =	____	
24 : 3 =	____	
25 : 5 =	____	
30 : 5 =	____	
9 : 3 =	____	

3 Schon im Kindergarten oder im ersten Schuljahr haben die Kinder den ersten __________ZAHN. Wenn der dann ausfällt, kommt die ZAHN__________

7 · 4 + 5 =	____	
4 · 4 − 9 =	____	
3 · 4 − 4 =	____	
3 · 5 − 10 =	____	
9 · 4 − 30 =	____	
6 · 3 − 9 =	____	

8 · 2 + 10 =	____	
9 · 2 − 12 =	____	
5 · 3 − 9 =	____	

4 Der ZAHN__________ schaut sich die Zähne an.

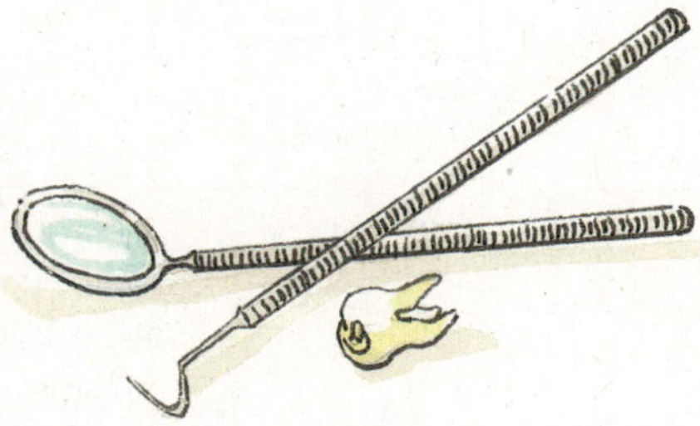

9 · 3 − 20 =	____	
8 · 4 − 10 =	____	
9 · 5 − 30 =	____	
6 · 4 + 30 =	____	

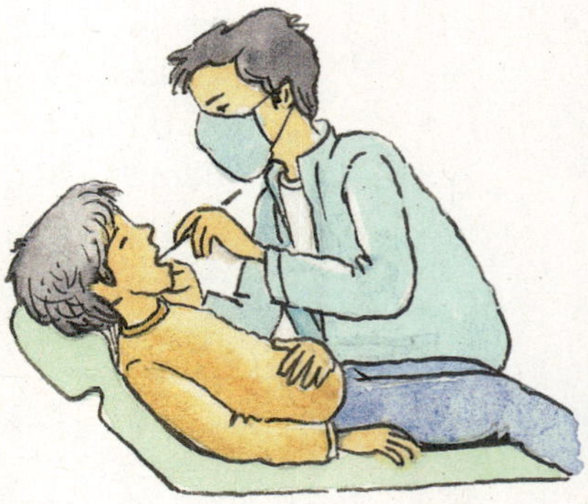

3	4	5	6	7	8	9	15	21	22	25	26	33	54	80
N	B	K	E	A	C	L	Z	M	R	I	F	W	T	H

1 Wie heißen die vier Aufgaben im Bauch?

a)

b)

c)

2 Hier fehlt eine Zahl im Ohr. Schreibe auch die vier Aufgaben auf.

a)

b)

c)

3 Hier fehlen beide Zahlen in den Ohren. Schreibe auch die Aufgaben.

a)

b)

c)

zu den Seiten 84/85

Ebene Figuren

1 Zu welchen Figuren passen die Wortkarten? Verbinde.

Quadrat		drei Seiten
vier Seiten		Rechteck
Dreieck		vier Ecken
alle Seiten gleich lang		keine Ecken
Kreis		drei Ecken

2 Alles Quadrate.
Zeichne die fehlenden Punkte ein und verbinde sie zu Quadraten.

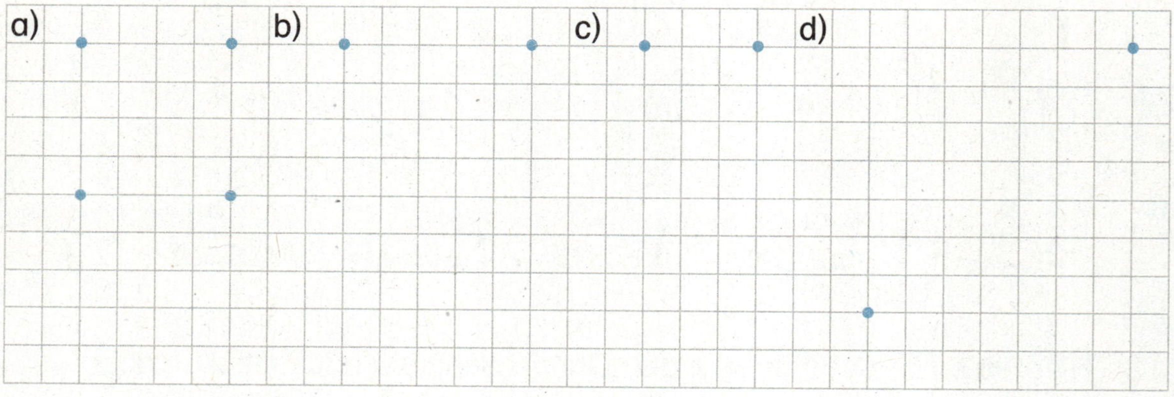

3 Zeichne die Muster weiter.

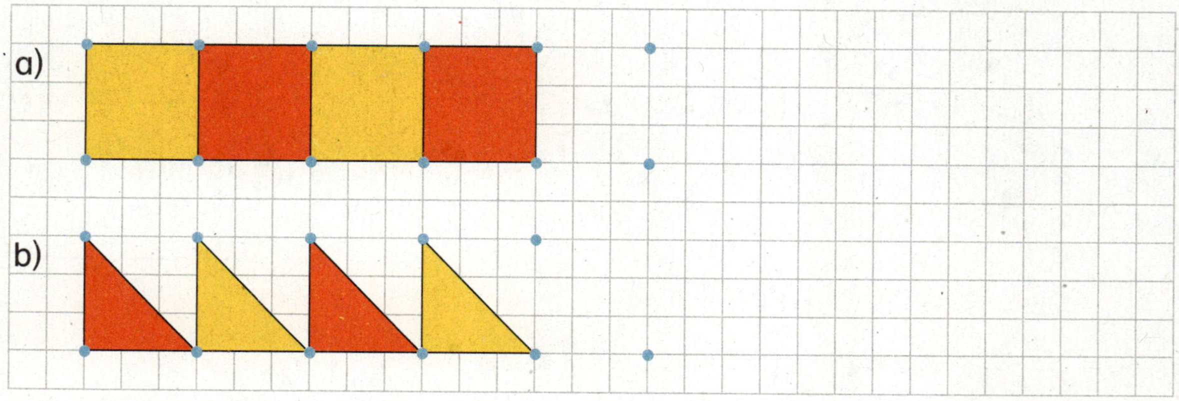

1 Dreiecke auf dem Geobrett. Zeichne die gespannten Dreiecke mit dem Lineal auf das Karo.

a) 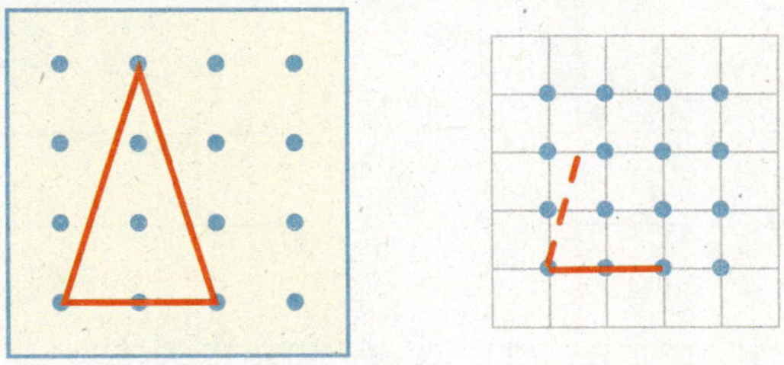

b) 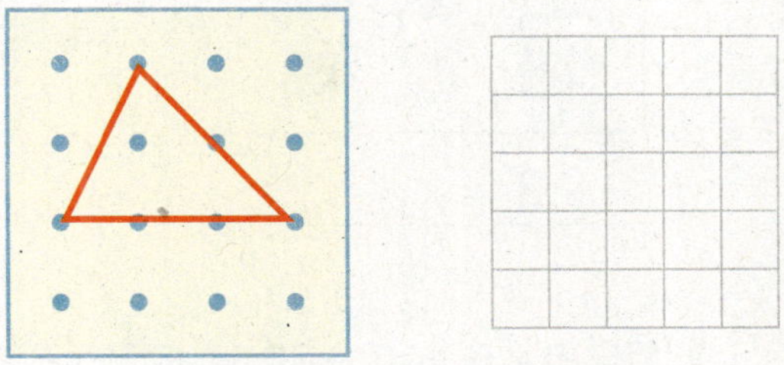

2 Rechtecke auf dem Geobrett. Zeichne die Rechtecke auf das Karo.

a) 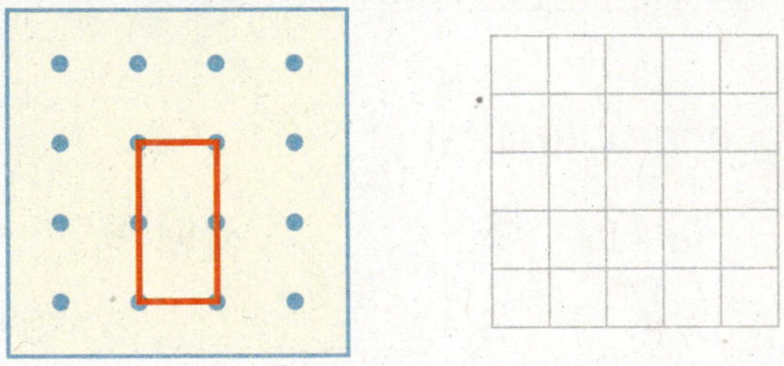

b) 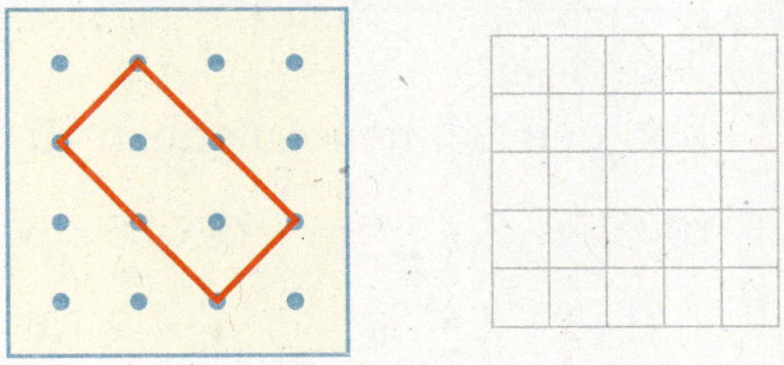

3 Quadrate auf dem Geobrett. Zeichne die Quadrate auf das Karo.

a) 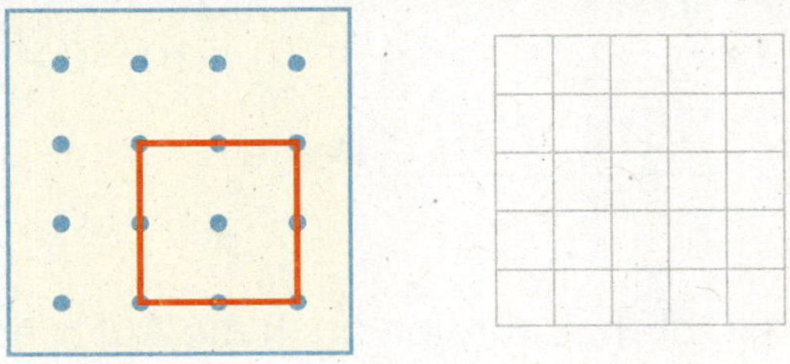

b) 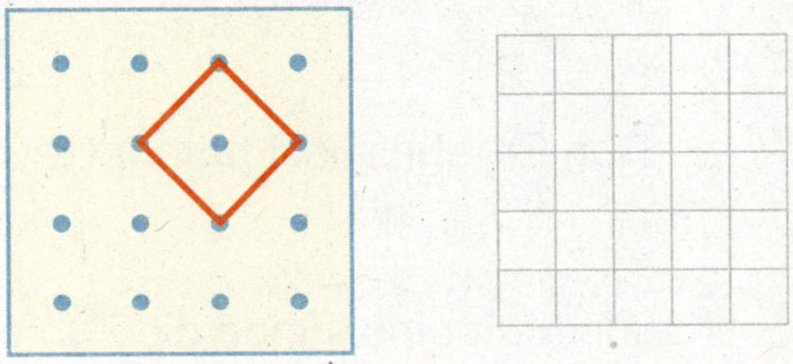

4 Spannen mit zwei Gummibändern. Welche Figuren wurden gespannt? Zeichne auf das Karo.

a) 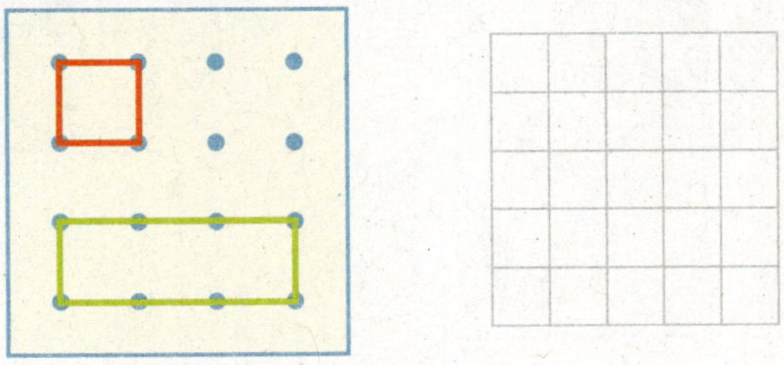

Quadrat ____________

____

b) 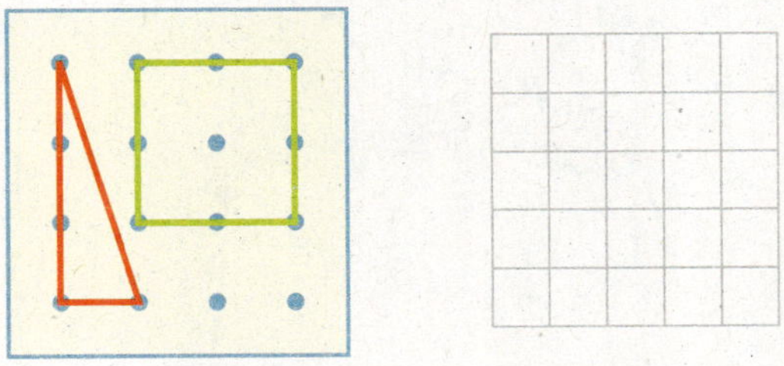

____

____

c) 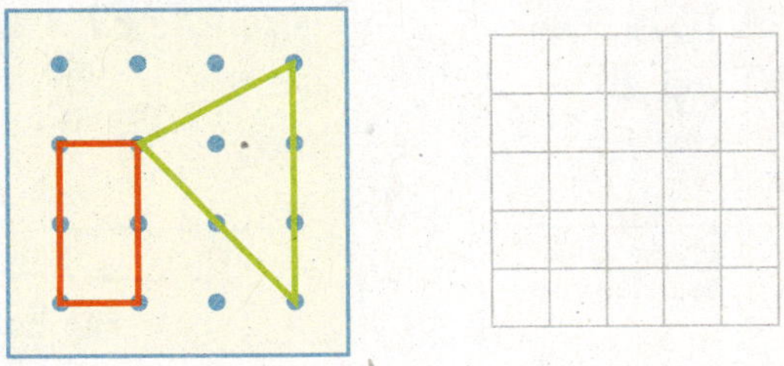

____

____

d) 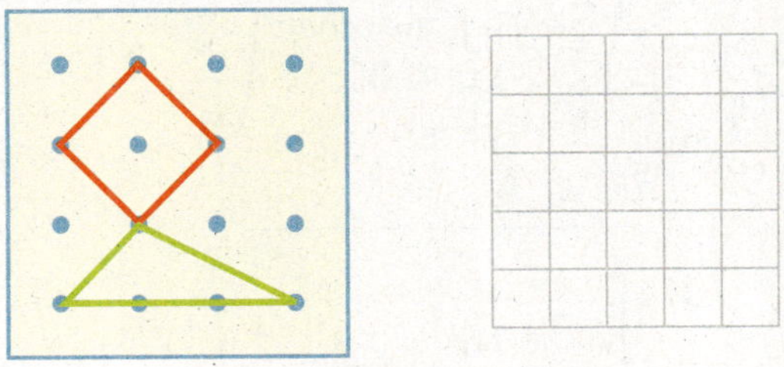

____

____

Quadratzahlen

1 a)

3 · 3 = ______

b)

______

c)

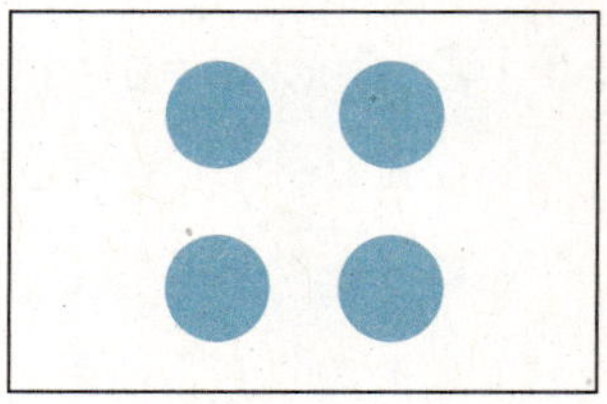

______

2 Welche Zahlen sind Quadratzahlen? Schreibe die Mal-Aufgabe dazu.

14 16 20 24 36 44 64 77 81 90

______ ______ ______ ______

3 Von den Sonnen-Aufgaben zu den Nachbaraufgaben.

a) 7 · 7 = ____ b) 6 · 6 = ____ c) 8 · 8 = ____ d) 9 · 9 = ____

8 · 7 = ____ 7 · 6 = ____ 7 · 8 = ____ 8 · 9 = ____

4 a) 4 · 4 − 6 = ____ b) 6 · 6 + 4 = ____ c) 8 · 8 + 6 = ____

5 · 5 − 5 = ____ 7 · 7 + 1 = ____ 10 · 10 − 0 = ____

d) Das Ergebnis ist immer eine Zahl der __________-Reihe.

5 Kleine Malduins. Finde die Zahlen in den Ohren. Schreibe auch die Aufgaben auf.

a)

b)

c)

6 Welche Quadratzahl ist es? Schreibe die Mal-Aufgabe dazu.

a) Sie liegt zwischen 20 und 30.

______

b) Sie liegt zwischen 60 und 70.

______

c) Sie liegt zwischen 30 und 40.

______

d) Sie hat 4 Zehner.

______

e) Sie hat 8 Zehner.

______

f) Sie hat zwei Nullen.

______

1 a)

$3 \cdot 6 =$ ______

b)

______

c)

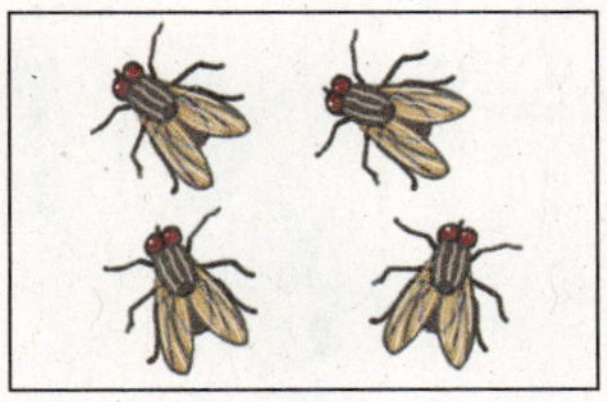

______

2 a) $6 \cdot 6 =$ ____ b) $10 \cdot 6 =$ ____ c) $2 \cdot 6 =$ ____ d) $1 \cdot 6 =$ ____

$8 \cdot 6 =$ ____ $9 \cdot 6 =$ ____ $4 \cdot 6 =$ ____ $7 \cdot 6 =$ ____

3 a) $6 \cdot 3 =$ ____ b) $6 \cdot 6 =$ ____ c) $6 \cdot 5 =$ ____ d) $6 \cdot 9 =$ ____

$6 \cdot 0 =$ ____ $6 \cdot 4 =$ ____ $6 \cdot 7 =$ ____ $6 \cdot 2 =$ ____

4 Heute ist Familientag im Zoo.
Pia geht mit ihren Eltern und ihrem Bruder hin.

F ______

L ______

A ______

5 a) $60 : 6 =$ ____ b) $36 : 6 =$ ____ c) $42 : 6 =$ ____ d) $48 : 6 =$ ____

$6 : 6 =$ ____ $24 : 6 =$ ____ $54 : 6 =$ ____ $12 : 6 =$ ____

6 In der Klasse 2a sind 25 Kinder. Immer sechs Kinder sind in einer Gruppe.

F Wie viele Gruppen sind es? Wie viele Kinder bleiben übrig?

L 

A ______

______

7 Kreise die Zahlen der Sechser-Reihe rot ein.
Kreise die Zahlen der Dreier-Reihe blau ein.

9 12 16 18 21 23 27 36 45 48

8 Welche Rechenzeichen passen? + − · :

a) 6 ☐ 6 = 40 ☐ 4 b) 24 ☐ 6 = 10 ☐ 6 c) 34 ☐ 20 = 9 ☐ 6

6 ☐ 6 = 3 ☐ 4 24 ☐ 6 = 5 ☐ 6 9 ☐ 6 = 18 ☐ 6

Einmaleins mit 9

1 a) 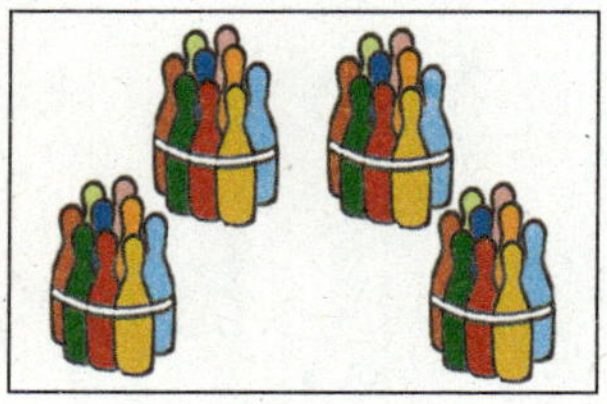

$4 \cdot 9 =$ ____

b) 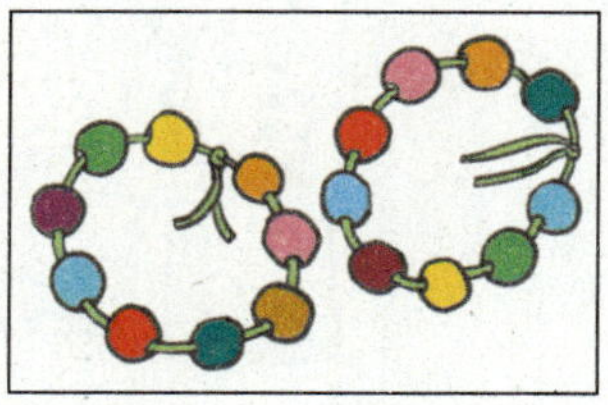

____

c) 

____

2 a) $9 \cdot 9 =$ ____ b) $10 \cdot 9 =$ ____ c) $5 \cdot 9 =$ ____ d) $2 \cdot 6 =$ ____

$8 \cdot 9 =$ ____ $1 \cdot 9 =$ ____ $6 \cdot 9 =$ ____ $7 \cdot 9 =$ ____

3 a) $9 \cdot 2 =$ ____ b) $9 \cdot 6 =$ ____ c) $9 \cdot 8 =$ ____ d) $9 \cdot 0 =$ ____

$9 \cdot 4 =$ ____ $9 \cdot 3 =$ ____ $9 \cdot 9 =$ ____ $9 \cdot 5 =$ ____

4 Kreise die Zahlen der Neuner-Reihe rot ein.
Kreise die Zahlen der Sechser-Reihe blau ein.

14 18 24 27 33 36 42 45 54 81

5 a) $45 : 9 =$ ____ b) $18 : 9 =$ ____ c) $63 : 9 =$ ____ d) $90 : 9 =$ ____

$36 : 9 =$ ____ $27 : 9 =$ ____ $54 : 9 =$ ____ $72 : 9 =$ ____

6 a) $36 : 9 + 50 =$ ____ b) $0 : 9 + 27 =$ ____ c) $18 : 9 + 16 =$ ____

$54 : 9 + 30 =$ ____ $9 : 9 + 44 =$ ____ $63 : 9 + 56 =$ ____

d) Das Ergebnis ist immer eine Zahl der ____________-Reihe.

7 Es sind 23 Kegel. Immer neun Kegel werden zusammen aufgestellt.

F Wie viele Gruppen sind es? Wie viele Kegel bleiben übrig?

L 

A ____

____

8 Wie heißt die Zahl?

a) Sie gehört zur Neuner-Reihe. Sie liegt zwischen 20 und 30.

____

b) Sie gehört zur Neuner-Reihe. Sie liegt zwischen 60 und 70.

____

c) Sie gehört zur Neuner-Reihe und zur Fünfer-Reihe.

____

1 a)

$2 \cdot 8 =$ ____

b)

____

c)

____

2 a) $8 \cdot 8 =$ ____ b) $10 \cdot 8 =$ ____ c) $5 \cdot 8 =$ ____ d) $2 \cdot 8 =$ ____

$7 \cdot 8 =$ ____ $9 \cdot 8 =$ ____ $6 \cdot 8 =$ ____ $4 \cdot 8 =$ ____

3 a) $8 \cdot 3 =$ ____ b) $8 \cdot 6 =$ ____ c) $8 \cdot 5 =$ ____ d) $8 \cdot 9 =$ ____

$8 \cdot 0 =$ ____ $8 \cdot 4 =$ ____ $8 \cdot 7 =$ ____ $8 \cdot 2 =$ ____

4 a) $5 \cdot 8 + 16 =$ ____ b) $3 \cdot 8 - 8 =$ ____ c) $0 \cdot 8 + 80 =$ ____

$2 \cdot 8 + 24 =$ ____ $7 \cdot 8 - 8 =$ ____ $4 \cdot 8 + 40 =$ ____

5 a) $64 : 8 =$ ____ b) $32 : 8 =$ ____ c) $56 : 8 =$ ____ d) $8 : 8 =$ ____

$16 : 8 =$ ____ $24 : 8 =$ ____ $72 : 8 =$ ____ $40 : 8 =$ ____

6 Heute basteln die Kinder der Klasse 2b Sterne für ihr Fenster.
Ben sagt: „Meine Tischgruppe hat 48 Zacken gefaltet.
Zu einem Stern gehören immer acht Zacken."

F ____________________

L ____________________

A ____________________

7 Welche Rechenzeichen passen? + − · :

a) 18 ☐ 8 = 80 ☐ 8 b) 8 ☐ 4 = 16 ☐ 4 c) 8 ☐ 8 = 8 ☐ 0

9 ☐ 8 = 80 ☐ 8 8 ☐ 4 = 16 ☐ 8 8 ☐ 8 = 8 ☐ 7

8 Wie heißen die Zahlen?

a) Sie gehören zur Achter-Reihe. Sie liegen zwischen 10 und 30.

____

b) Sie gehören zur Achter-Reihe und zur Sechser-Reihe.

____

c) Sie gehören zur Achter-Reihe. Der Zehner ist halb so groß wie der Einer.

____

Verwandte Aufgaben

1 Finde die fehlende Zahl im Kopf. Schreibe auch die vier Aufgaben im Bauch auf.

a)

b)

c)

2 Finde die Zahlen in den Ohren. Schreibe auch die Aufgaben.

a)

b)

c)

3 Welcher Malduin ist es? Schreibe auch die Aufgaben.

a)

b)

1 a)  b)  c) 

a) 3 · 7 = ____ b) ____ c) ____

2 a) 2 · 7 = ____ b) 7 · 7 = ____ c) 10 · 7 = ____ d) 5 · 7 = ____

4 · 7 = ____ 6 · 7 = ____ 9 · 7 = ____ 8 · 7 = ____

3 a) 7 · 1 = ____ b) 7 · 3 = ____ c) 7 · 4 = ____ d) 7 · 2 = ____

7 · 8 = ____ 7 · 0 = ____ 7 · 6 = ____ 7 · 9 = ____

4 a) 5 · 7 + 35 = ____ b) 6 · 7 − 7 = ____ c) 3 · 7 + 21 = ____

2 · 7 + 14 = ____ 8 · 7 − 7 = ____ 9 · 7 + 7 = ____

5 a) 21 : 7 = ____ b) 70 : 7 = ____ c) 14 : 7 = ____ d) 49 : 7 = ____

35 : 7 = ____ 63 : 7 = ____ 28 : 7 = ____ 42 : 7 = ____

6 a) 2 Wochen 4 Tage = ____ Tage

4 Wochen 2 Tage = ____ Tage

5 Wochen 5 Tage = ____ Tage

b) 16 Tage = ____ Wochen ____ Tage

25 Tage = ____ Wochen ____ Tage

45 Tage = ____ Wochen ____ Tage

7 Eva geht mit Freunden ins Kino. Jedes Kind muss 7 € Eintritt bezahlen.
Zusammen bezahlen sie 35 Euro.

F Wie viele Freunde hat Eva mitgenommen?

L ____________________

A ____________________

8 Wie heißt die Zahl?

a) Sie gehört zur Siebener-Reihe. Sie liegt zwischen 40 und 50.

____

b) Sie gehört zur Siebener-Reihe. Sie liegt zwischen 50 und 60.

____

c) Sie gehört zur Siebener-Reihe und zur Fünfer-Reihe.

____

Übungen

1 Gesunde Kinder sind fröhlich und fit.

Jeden a) ______________ sollst du fünfmal

b) ______________ oder Gemüse essen.

a)

$2 \cdot 5 =$ ____	
$3 \cdot 3 =$ ____	
$4 \cdot 2 =$ ____	

b)

$42 : 7 =$ ____	
$56 : 8 =$ ____	
$45 : 9 =$ ____	
$70 : 7 =$ ____	

2 Gemüse ohne Zucker hilft dir bei deiner Konzentration und sorgt für gesunde Zähne. Diese Sorten kannst du zum Beispiel auch mit in die Schule nehmen: Paprika und a) ______________ und b) ______________

a)

$2 \cdot 4 =$ ____	
$7 \cdot 7 =$ ____	
$8 \cdot 8 =$ ____	
$9 \cdot 9 =$ ____	
$6 \cdot 6 =$ ____	

b)

$35 : 7 =$ ____	
$27 : 3 =$ ____	
$24 : 6 =$ ____	
$18 : 2 =$ ____	
$40 : 4 =$ ____	

3 Obst ist gesund. a) ______________ b) ______________

a)

$7 \cdot 7 - 40 =$ ____	
$5 \cdot 5 - 10 =$ ____	
$8 \cdot 7 - 40 =$ ____	
$4 \cdot 4 + 20 =$ ____	
$4 \cdot 6 - 20 =$ ____	

b)

$25 : 5 + 2 =$ ____	
$27 : 3 + 10 =$ ____	
$28 : 7 + 60 =$ ____	
$32 : 8 + 20 =$ ____	
$36 : 6 - 30 =$ ____	

4	5	6	7	8	9	10	15	16	19	24	30	36	49	64	81
L	S	O	B	G	A	T	P	F	I	N	W	E	U	R	K

1

Karten: 3, 8, 7, 9

___ · ___ = 21
___ · ___ = 24
___ · ___ = 27
___ · ___ = 56
___ · ___ = 63
___ · ___ = 72

2

Karten: 9, 5, 4, 6

___ · ___ = ___
___ · ___ = 24
___ · ___ = 30
___ · ___ = 36
___ · ___ = 45
___ · ___ = ___

3

Karten: 8, 2, 3, 6

___ · ___ = ___
___ · ___ = 12
___ · ___ = 16
___ · ___ = 18
___ · ___ = 24
___ · ___ = ___

4

Karten: 9, 5, 10, 7

___ · ___ = ___
___ · ___ = 45
___ · ___ = 50
___ · ___ = 63
___ · ___ = 70
___ · ___ = ___

5

Karten: 8, 3, 4, 9

___ · ___ = 12
___ · ___ = ___
___ · ___ = 27
___ · ___ = 32
___ · ___ = ___
___ · ___ = 72

6

Karten: 8, 3, 5, ___

___ · ___ = 15
___ · ___ = 21
___ · ___ = 24
___ · ___ = 35
___ · ___ = 40
___ · ___ = 56

7

Karten: 7, 2, 8, ___

___ · ___ = 8
___ · ___ = 14
___ · ___ = 16
___ · ___ = 28
___ · ___ = 32
___ · ___ = 56

8

Karten: 7, ___, ___, ___

___ · ___ = 15
___ · ___ = 21
___ · ___ = 27
___ · ___ = 35
___ · ___ = 45
___ · ___ = 63

9

Karten: 8, ___, ___, ___

___ · ___ = 20
___ · ___ = 32
___ · ___ = 36
___ · ___ = 40
___ · ___ = 45
___ · ___ = 72

10

Karten: 10, ___, ___, ___

___ · ___ = 30
___ · ___ = 45
___ · ___ = 50
___ · ___ = 54
___ · ___ = 60
___ · ___ = 90

zu den Seiten 102/103

Kalender

1 Kreise die Geburtstage der Kinder im Kalender ein:

Nils	25.1.	Jens	17.7.
Eva:	6.2.	Kathrin	13.9.
Tom	19.3.	Lea	1.11.
Anna	10.5.	Alex	25.12.

2016

	Januar	Februar	März	April
Mo	4 11 18 25	1 8 15 22 29	7 14 21 28	4 11 18 25
Di	5 12 19 26	2 9 16 23	1 8 15 22 29	5 12 19 26
Mi	6 13 20 27	3 10 17 24	2 9 16 23 30	6 13 20 27
Do	7 14 21 28	4 11 18 25	3 10 17 24 31	7 14 21 28
Fr	1 8 15 22 29	5 12 19 26	4 11 18 25	1 8 15 22 29
Sa	2 9 16 23 30	6 13 20 27	5 12 19 26	2 9 16 23 30
So	3 10 17 24 31	7 14 21 28	6 13 20 27	3 10 17 24

	Mai	Juni	Juli	August
Mo	2 9 16 23 30	6 13 20 27	4 11 18 25	1 8 15 22 29
Di	3 10 17 24 31	7 14 21 28	5 12 19 26	2 9 16 23 30
Mi	4 11 18 25	1 8 15 22 29	6 13 20 27	3 10 17 24 31
Do	5 12 19 26	2 9 16 23 30	7 14 21 28	4 11 18 25
Fr	6 13 20 27	3 10 17 24	1 8 15 22 29	5 12 19 26
Sa	7 14 21 28	4 11 18 25	2 9 16 23 30	6 13 20 27
So	1 8 15 22 29	5 12 19 26	3 10 17 24 31	7 14 21 28

	September	Oktober	November	Dezember
Mo	5 12 19 26	3 10 17 24 31	7 14 21 28	5 12 19 26
Di	6 13 20 27	4 11 18 25	1 8 15 22 29	6 13 20 27
Mi	7 14 21 28	5 12 19 26	2 9 16 23 30	7 14 21 28
Do	1 8 15 22 29	6 13 20 27	3 10 17 24	1 8 15 22 29
Fr	2 9 16 23 30	7 14 21 28	4 11 18 25	2 9 16 23 30
Sa	3 10 17 24	1 8 15 22 29	5 12 19 26	3 10 17 24 31
So	4 11 18 25	2 9 16 23 30	6 13 20 27	4 11 18 25

2 Welcher Wochentag ist es?

1.1. ____________ 1.4. ____________

1.5. ____________ 3.10. ____________

11.11. ____________ 24.12. ____________

3 Schreibe das Datum auf zwei Arten.

27. Februar 2015	27. 2. 2015
28. April 2016	
30. Juni 2020	
17. Juli 2019	

	19.8.2015
	16.11.2008
	12.1.2016
	1.3.2018

4 a) Wie viele Tage hat der Dezember? _____ Tage.

b) Wie viele Tage hat der Juni? _____ Tage.

c) Wie viele Tage haben die Monate Juli und August zusammen? _____ Tage.

d) Wie viele Tage hat der Februar im Jahr 2016? _____ Tage.

5 In den Sommerferien fahren einige Kinder in ein Zeltlager an die Nordsee.

a) Kim und Jonas kommen am 17. Juli an und fahren am 24. Juli wieder ab.

Wie viele Nächte haben sie im Zeltlager geschlafen?

____

____

b) Julia kommt am 1. August vor dem Mittagessen um 11.30 Uhr an, am 8. August reist sie um 17 Uhr wieder ab.

An wie vielen Tagen hat sie dort Mittag gegessen?

____

____

1 Welche Aufgaben rechnet Jannis? Schreibe die Aufgabe auf, dann löse sie.

a)
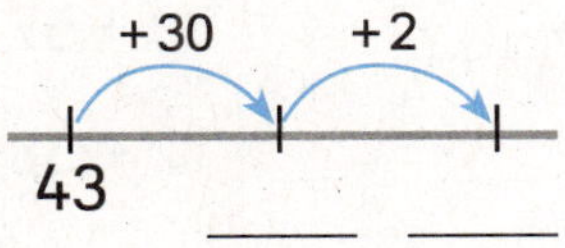

43 + ______

b)
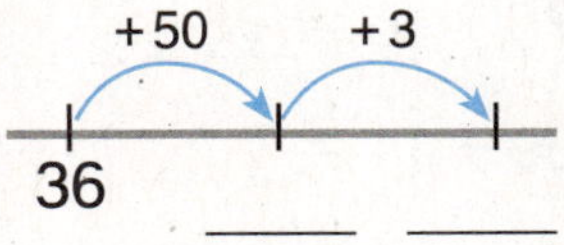

______

c)
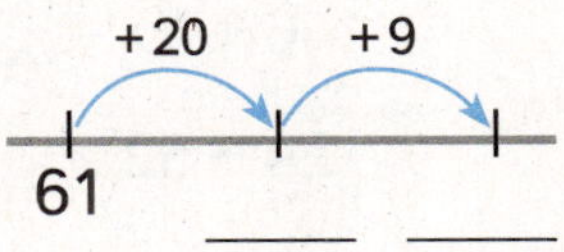

______

2
a) 55 + 33 = ____ b) 62 + 15 = ____ c) 30 + 46 = ____ d) 51 + 28 = ____

48 + 41 = ____ 13 + 74 = ____ 44 + 15 = ____ 27 + 60 = ____

23 + 45 = ____ 71 + 27 = ____ 74 + 26 = ____ 33 + 66 = ____

3 Schau auf die Einer. Zehnerfreunde helfen.

a) 72 + 18 = ____ b) 35 + 45 = ____ c) 29 + 11 = ____ d) 34 + 66 = ____

36 + 24 = ____ 43 + 27 = ____ 17 + 33 = ____ 41 + 49 = ____

4 Löse mit dem Rechenstrich.

a) 65 + 27 = ____
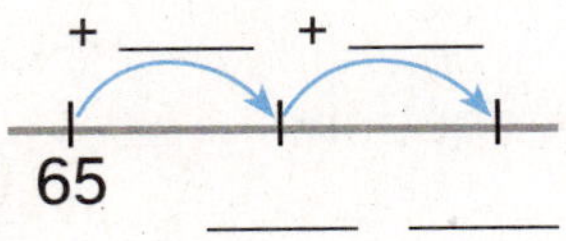

b) 58 + 36 = ____
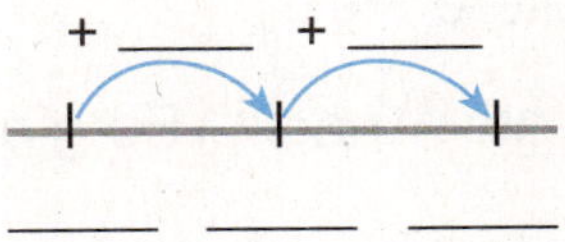

c) 37 + 48 = ____
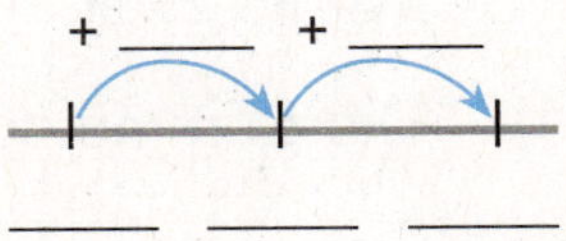

5 Wie rechnest du?

a) 67 + 26 = ____ b) 49 + 42 = ____ c) 46 + 25 = ____

6
a) 45 + 27 = ____ b) 16 + 59 = ____ c) 65 + 28 = ____

7
a) 23 + 38 = ____ b) 27 + 26 = ____ c) 33 + 58 = ____ d) 45 + 37 = ____

43 + 38 = ____ 27 + 46 = ____ 67 + 17 = ____ 18 + 58 = ____

Übungen zum Addieren

1 a) 35 + 34 = ____ b) 48 + 15 = ____ c) 33 + 26 = ____ d) 18 + 64 = ____

46 + 47 = ____ 76 + 16 = ____ 63 + 27 = ____ 38 + 57 = ____

24 + 52 = ____ 69 + 11 = ____ 38 + 43 = ____ 12 + 58 = ____

59 63 69 70 76 80 81 82 90 92 93 94 95

2 a) 24 + 39 = ____ b) 26 + 49 = ____ c) 44 + 29 = ____

45 + 49 = ____ 53 + 29 = ____ 16 + 69 = ____

73 + 19 = ____ 67 + 19 = ____ 32 + 59 = ____

63 73 75 76 82 85 86 91 92 94

3 a) 49 + 33 = ____ b) 29 + 25 = ____ c) 19 + 55 = ____

29 + 56 = ____ 39 + 27 = ____ 49 + 28 = ____

69 + 14 = ____ 79 + 12 = ____ 39 + 59 = ____

54 66 74 77 82 83 85 91 95 98

4

Wähle zwei Zahlen. Addiere sie.

Die Summe soll kleiner als 40 sein. Es gibt sieben Aufgaben.

____ ____ ____ ____

____ ____ ____

14 20 24 32 35 36 39

5

Wähle zwei Zahlen. Addiere sie.

a) Die Summe soll kleiner als 50 sein. Es gibt sieben Aufgaben.

____ ____ ____ ____

____ ____ ____

14 26 28 39 41 45 47

b) Die Summe soll zwischen 60 und 80 liegen. Es gibt acht Aufgaben.

____ ____ ____ ____

____ ____ ____ ____

61 63 64 72 75 76 77 78

c) Die Summe ist genau 88. Es gibt eine Aufgabe. ____

1 Welche Aufgaben rechnet Mia? Schreibe die Aufgabe auf, dann löse sie.

a)
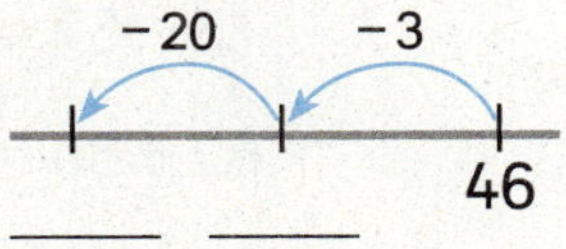

46 − ____________

b)
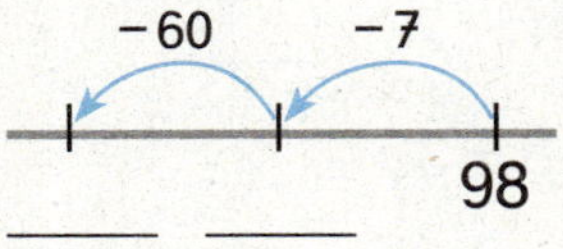

____

c)
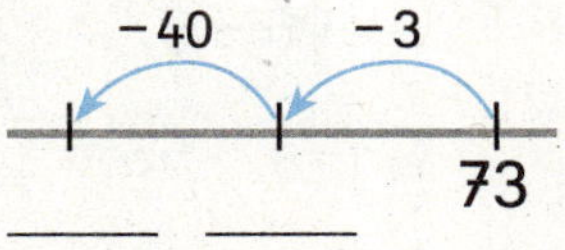

____

2

a)	b)	c)	d)
59 − 36 = ____	76 − 13 = ____	92 − 60 = ____	25 − 23 = ____
64 − 22 = ____	88 − 34 = ____	37 − 15 = ____	74 − 41 = ____
78 − 45 = ____	97 − 53 = ____	66 − 55 = ____	89 − 35 = ____

3 Schau auf die Einer.

a)	b)	c)	d)
57 − 27 = ____	93 − 33 = ____	66 − 56 = ____	99 − 9 = ____
78 − 48 = ____	72 − 12 = ____	55 − 45 = ____	100 − 10 = ____

4 Löse mit dem Rechenstrich.

a) 74 − 36 = ____

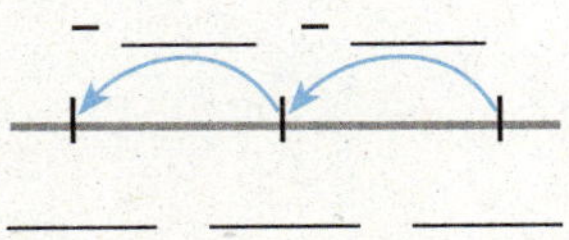

b) 95 − 67 = ____

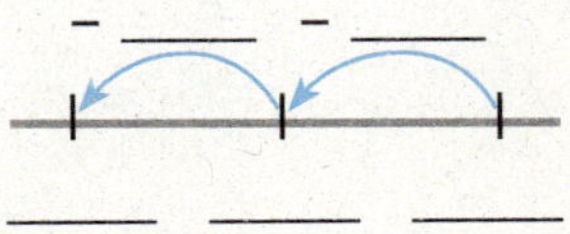

c) 42 − 18 = ____

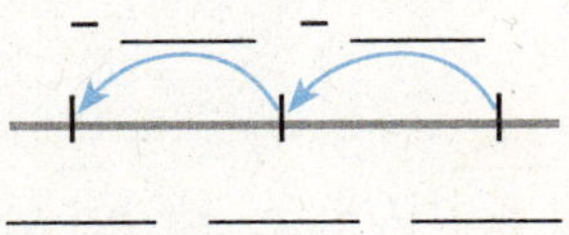

5 Wie rechnest du?

a) 84 − 35 = ____ b) 51 − 26 = ____ c) 93 − 37 = ____

6 a) 61 − 38 = ____ b) 80 − 65 = ____ c) 75 − 58 = ____

7

a)	b)	c)	d)
66 − 38 = ____	84 − 27 = ____	72 − 44 = ____	76 − 67 = ____
96 − 38 = ____	84 − 47 = ____	63 − 55 = ____	74 − 47 = ____

Übungen zum Subtrahieren

1
a) 82 − 35 = ____
96 − 57 = ____
74 − 56 = ____

b) 42 − 16 = ____
71 − 28 = ____
63 − 35 = ____

c) 44 − 27 = ____
53 − 18 = ____
93 − 73 = ____

d) 81 − 54 = ____
75 − 37 = ____
62 − 56 = ____

6 17 18 20 26 27 28 35 38 39 43 45 47

2 Zahl minus Spiegelzahl

a) 73 − 37 = ____
62 − 26 = ____
51 − 15 = ____

b) 96 − 69 = ____
85 − 58 = ____
74 − 47 = ____

c) 64 − 46 = ____
53 − 35 = ____
42 − 24 = ____

d) 76 − ____ = ____
65 − ____ = ____
____

3
a) 54 − 39 = ____
75 − 49 = ____
63 − 19 = ____

b) 86 − 49 = ____
93 − 29 = ____
46 − 19 = ____

c) 53 − 29 = ____
92 − 69 = ____
71 − 59 = ____

4
a) 67 − 8 − 27 = ____
83 − 6 − 33 = ____
72 − 7 − 52 = ____

b) 61 − 31 − 5 = ____
92 − 42 − 8 = ____
44 − 34 − 9 = ____

c) 65 − 27 − 3 = ____
54 − 35 − 5 = ____
96 − 58 − 2 = ____

1 13 14 25 32 35 36 42 44 45

5 Wie geht es weiter?

a)
64 − 35 = ____
64 − 36 = ____
64 − 37 = ____
64 − ____________
____

b)
75 − 28 = ____
65 − 28 = ____
55 − 28 = ____
____
____

c)
81 − 27 = ____
81 − 37 = ____
81 − 47 = ____
____
____

6 Jede Regel gehört zu einem Päckchen in Aufgabe 5.
Setze die Regeln fort und ordne sie dem richtigen Päckchen zu.

Regel A
Erste Zahl immer gleich, zweite Zahl immer 10 mehr, Ergebnis immer ____________.

Päckchen ____

Regel B
Erste Zahl immer gleich, zweite Zahl immer 1 mehr, Ergebnis immer ____________.

Päckchen ____

Regel C
Erste Zahl immer 10 weniger, zweite Zahl immer gleich, Ergebnis immer ____________.

Päckchen ____

1 Trage die Zahlen in die Hundertertafel ein.

a) 3, 13, 23, 33, 43, 53, 63, 73, 83, 93

b) 52, 53, 54, 55, 56, 57, 58, 59

2 Auf welchen Plätzen liegen die Plättchen in der Hundertertafel?
Schreibe von klein nach groß auf.

▲ ____, ____, ____ ■ ____, ____, ____

▲ ____, ____, ____ ■ ____, ____, ____

1									10
11									20
21									30
31									40
41									50
51									60
61									70
71									80
81									90
91									100

3 Trage alle Zahlen ein, die zwei gleiche Ziffern haben.

4 Trage die fehlenden Zahlen ein.

a)

	22	

b)

	39	

c)

85		

d)

		45

5 a)

	66	

b)

	54	

c)

	18	

d)

33		

6 a) Färbe alle Felder rot, in denen eine Zahl mit der Ziffer 4 steht.

1									10
11									20
21									30
31									40
41									50
51									60
61									70
71									80
81									90
91									100

Es sind ____ rote Felder.

b) Färbe alle Felder gelb, in denen eine Zahl mit der Ziffer 9 steht.

1									10
11									20
21									30
31									40
41									50
51									60
61									70
71									80
81									90
91									100

Es sind ____ gelbe Felder.

c) Wie viele Felder gibt es, in denen eine Zahl mit der Ziffer 4 **und** der Ziffer 9 steht? ____________

Muster in der Hundertertafel

1 Addiere die Zahlen über Kreuz.

a)

23	24
33	34

23 + 34 = ____

33 + 24 = ____

b)

15	16
25	26

____

____

c)

37	38
47	48

____

____

d)

26	27
36	37

____

____

2 Ergänze die fehlenden Zahlen, dann addiere über Kreuz.

a)

28	

____

____

b)

	39

____

____

3 Kim hat vier Zahlen über Kreuz addiert.
Ihr Ergebnis heißt 33.
Finde Kims Zahlen.

____

____

4 Welche Einmaleinsreihen sind es? Markiere auch die weiteren Zahlen.

a)

1			●				●		10
11	●				●				20
21									30
31									40
41									50
51									60
61									70
71									80
81									90
91									100

____________-Reihe

b)

1							●		10
11					●				20
21			●						30
31	●								40
41									50
51									60
61									70
71									80
81									90
91									100

____________-Reihe

c)

1					●				10
11	●						●		20
21			●						30
31									40
41									50
51									60
61									70
71									80
81									90
91									100

____________-Reihe

5 a) Markiere mit gelben Punkten die Zahlen der Zweier-Reihe. Gehe auch über 20, immer 2 dazu.

b) Kreuze die Zahlen der Vierer-Reihe blau an. Gehe auch über 40, immer 4 dazu.

c) Welche Zahlen der Zweier-Reihe gehören nicht zur Vierer-Reihe? Gehe auch über 20.

1									10
11									20
21									30
31									40
41									50
51									60
61									70
71									80
81									90
91									100

____

____

1 a)

	· 3	+ 9	: 3
3	9		
5			
4			
7			

b) Vergleiche die Zielzahl mit der Startzahl. Wie heißt die Regel?

Die Zielzahl ist immer ______________________ als die Startzahl.

2 a)

	· 6	− 30	: 6
6			
8			
10			

b) Vergleiche die Zielzahl mit der Startzahl. Wie heißt die Regel?

Die Zielzahl ist immer ______________________ als die Startzahl.

3 a)

	· 6	: 9	· 3
3			
6			
9			

b) Zahlix behauptet: „Ich kann auch die Startzahl 5 nehmen." Geht das?

____

4 Finde die Startzahlen.

	· 4	: 2	· 5
	16		
	20		
			10

Uhrzeiten

1 Wie viel Uhr ist es? Schreibe beide Möglichkeiten auf.

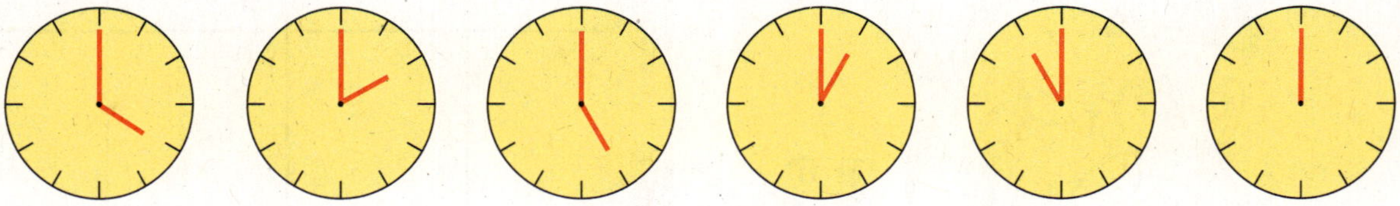

_____ Uhr
_____ Uhr

2 Zeichne und schreibe wie im Beispiel.

halb 5

3 Beginn der Fütterungen. Stelle die Uhrzeit auf deiner Spieluhr ein. Zeichne die Zeiger ein.

Tiger Pinguine Affen Elefanten

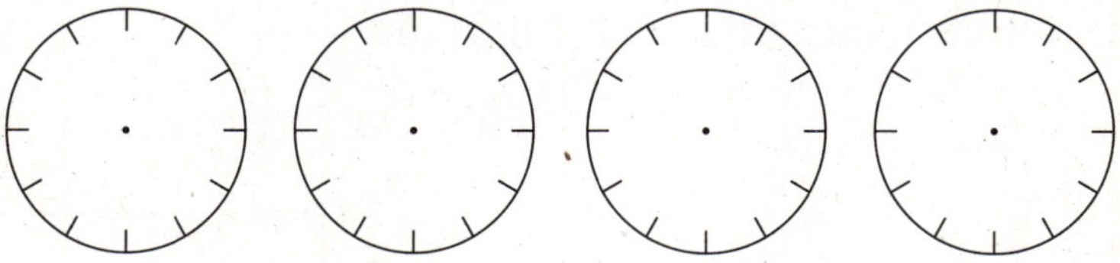

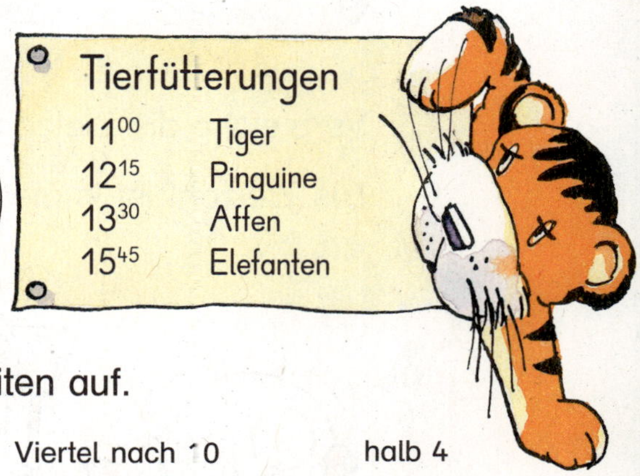

4 Zeichne die Zeiger ein und schreibe beide Uhrzeiten auf.

Viertel nach 2 | halb 6 | Viertel vor 3 | Viertel nach 10 | halb 4

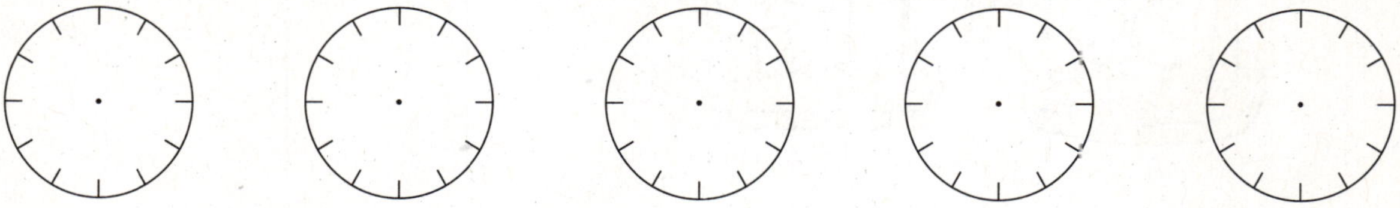

5 Zeichne die Zeiger ein und schreibe beide Uhrzeiten auf.

Viertel vor 9 | Viertel nach 9 | Viertel vor 10 | Viertel nach 11 | Viertel vor 12

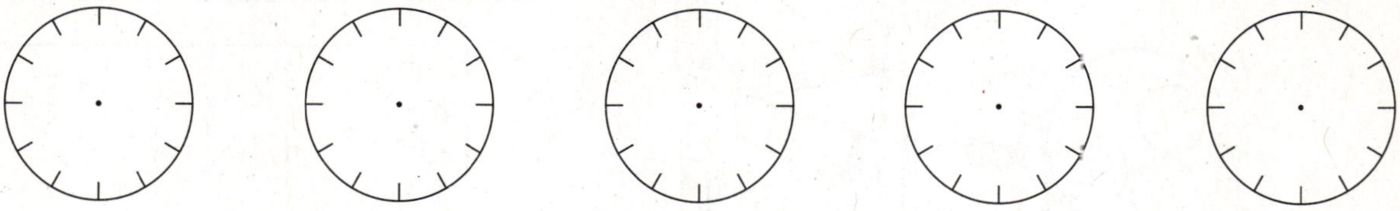

1 Wie lange dauert es?

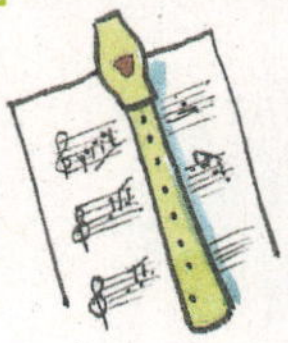

Flöten
16.00 Uhr
bis
16.45 Uhr

Schwimmen
15.30 Uhr
bis
16.30 Uhr

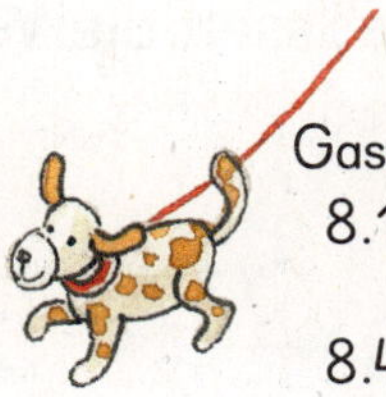

Gassi gehen
8.15 Uhr
bis
8.45 Uhr

Einkaufen
9.45 Uhr
bis
10.30 Uhr

__________ __________ __________ __________

2 Wie lange dauert es?

a) von 20.15 Uhr bis 20.45 Uhr __________

b) von 18.45 Uhr bis 19.30 Uhr __________

c) von 13.30 Uhr bis 14.00 Uhr __________

d) von 21.00 Uhr bis 21.45 Uhr __________

3 Wie lange dauert es?

a) von Viertel vor 2 bis halb 3 __________

b) von Viertel nach 5 bis halb 6 __________

c) von 7 bis halb 8 __________

d) von halb 8 bis Viertel nach 8 __________

4 Wie lange hat die Bücherei an diesen Tagen geöffnet?

Montag: __________

Dienstag: __________

Mittwoch: __________

Donnerstag: __________

Freitag: __________

Öffnungszeiten:
Montag und Donnerstag
13.30 – 14.15 Uhr
Dienstag und Freitag
14.15 – 14.45 Uhr
Mittwoch geschlossen

5 Wie viele Sekunden sind vergangen?

____ s ____ s ____ s ____ s ____ s ____ s

6 Setze ein: Stunden (h), Minuten (min), Sekunden (s).

a) Eine Schulstunde dauert 45____.

b) Ein Kind schläft nachts 10____.

c) Arne läuft die 50-m-Strecke in 9____.

d) Das Fußballspiel dauert 90____.

e) Die Pause dauert 15____.

f) Das Fußballtraining dauert 1____.

Körper

1 Zu welchen Körpern passen die Wortkarten? Verbinde.

rollt		Würfel
steht		Quader
Kugel		Zylinder

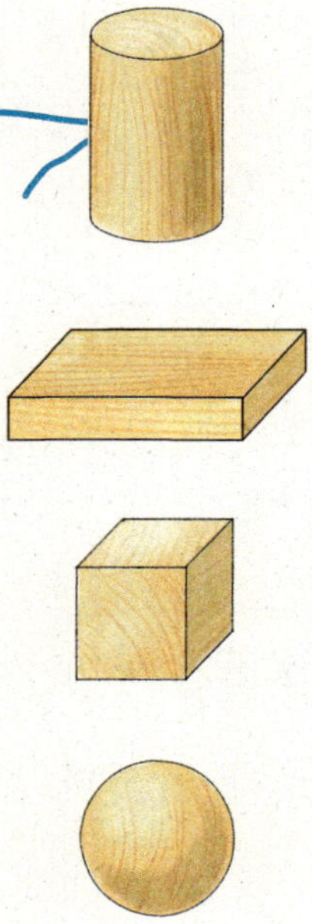

2 Wie viele Quader siehst du? Wie viele davon sind Würfel?
Wie viele Kugeln und Zylinder sind es?

a)

Quader,	9
davon Würfel	
Kugeln	
Zylinder	

b)

Quader,	
davon Würfel	
Kugeln	
Zylinder	

c)

Quader,	
davon Würfel	
Kugeln	
Zylinder	

d)

Quader,	
davon Würfel	
Kugeln	
Zylinder	

1 Wie viele Würfel sind es?

a) 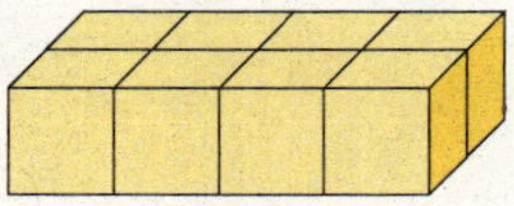

____ Würfel

b) 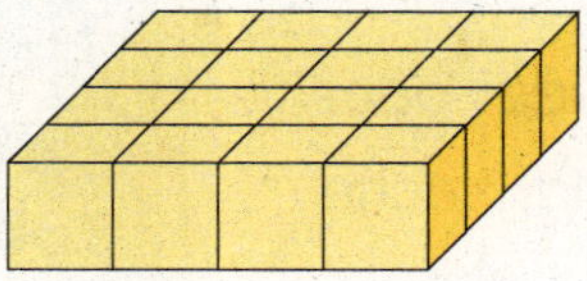

____ Würfel

c) 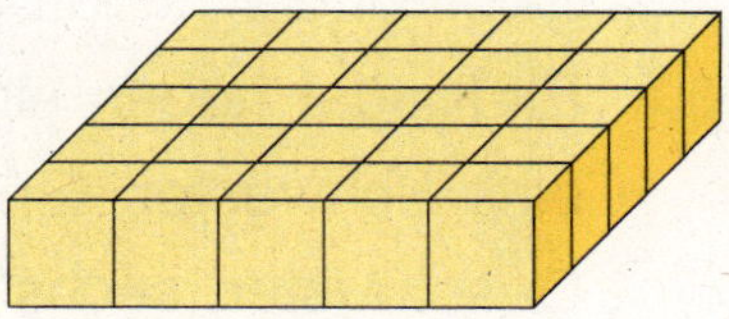

____ Würfel

2 Wie viele Würfel sind es?

a) 

____ Würfel

b) 

____ Würfel

c) 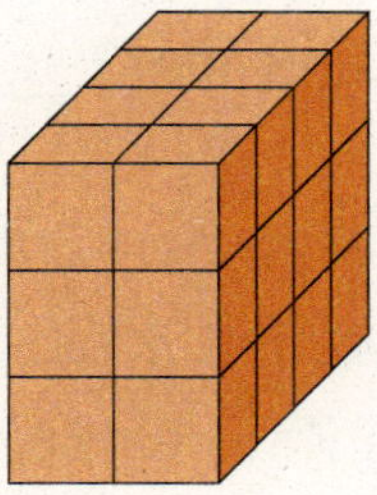

____ Würfel

3 Nina will aus kleinen Würfeln einen großen bauen.
Wie viele Würfel braucht sie jeweils noch?

a) 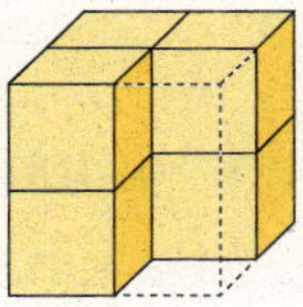

Sie braucht noch ____ Würfel.

b) 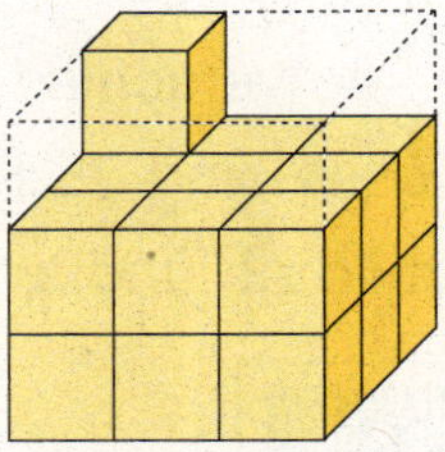

Sie braucht noch ____ Würfel.

c) 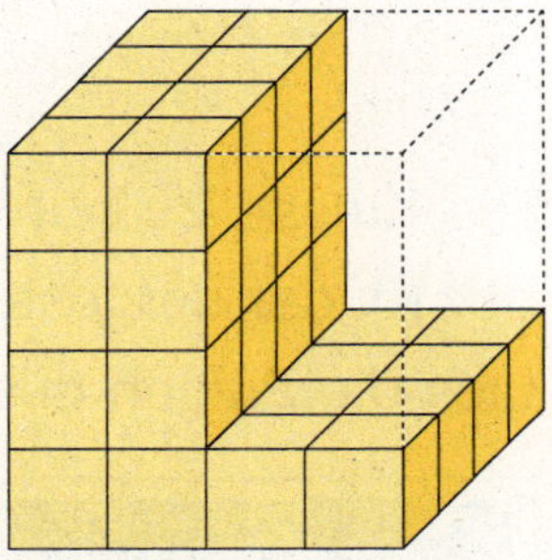

Sie braucht noch ____ Würfel.

4 Verbinde gleiche Bauwerke.

Strichlisten und Schaubilder

1 In der Klasse 2a sind 27 Kinder. Zwei Kinder haben drei Geschwister. Elf Kinder haben einen Bruder oder eine Schwester. Ein Kind hat sechs Geschwister, sechs Kinder haben zwei Geschwister.

Kinder in der Klasse	Anzahl der Geschwister
	0
	1
	2
||	3
	6

a) Trage die Zahlen in die Tabelle ein.

b) Wie viele Kinder haben keine Geschwister? _____

2 Zeichne zu den Zahlen von Aufgabe 1 ein Schaubild. Für ein Kind nimm ein Kästchen.

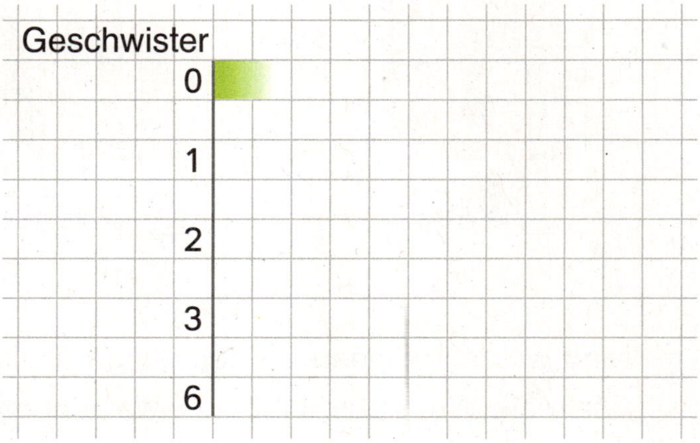

3 Die Klasse 2b hat im Schaubild die verschiedenen Sportarten der Kinder dargestellt. In der Klasse sind 25 Kinder, davon sind 14 Jungen. Lies die Zahlen aus dem Schaubild ab und trage sie in die Tabelle ein.

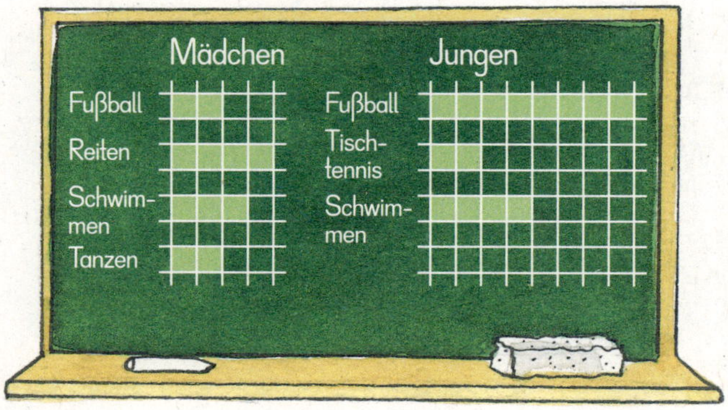

	Mädchen	Jungen
Fußball		
Reiten		
Schwimmen		
Tanzen		
Tischtennis		

4 In der Tabelle stehen die Lieblingssportarten der Jungen der 1. und 2. Schuljahre. Zeichne ein Schaubild dazu. Für zwei Kinder nimm ein Kästchen.

Fußball	42
Schwimmen	12
Tischtennis	8

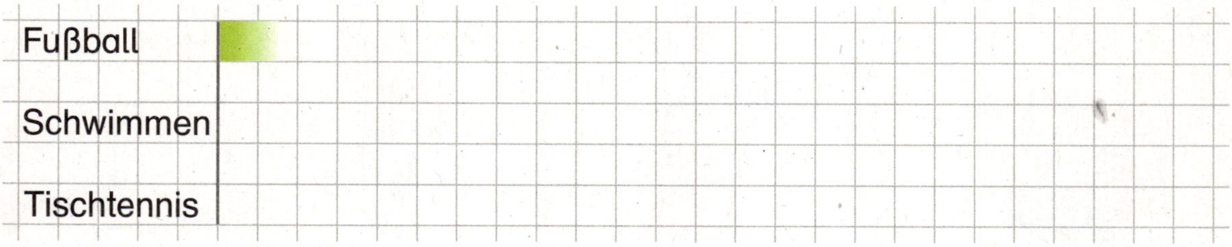

1 Herr und Frau Keller gehen mit ihren zwei Kindern zum Pfeile werfen.

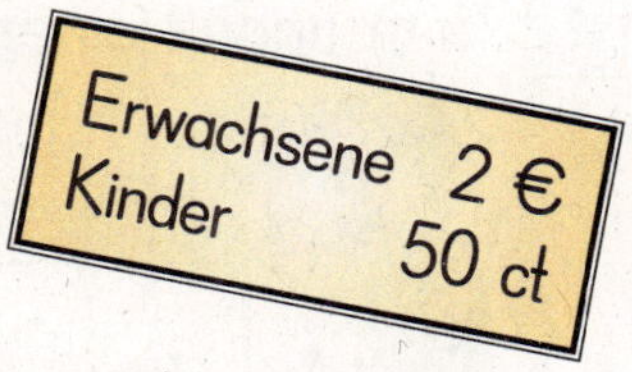

Oma Keller möchte es auch versuchen.

F Wie viel Euro müssen sie zusammen bezahlen?

L ______________________________

A ____ € müssen sie bezahlen.

2

PFEILE WERFEN					
	50	20	10	Punkte	Rang
Herr Keller		II	I		
Frau Keller		I	II		
Lisa	I	I	I		
Walter	I		II		
Oma		III			

3 Opa hat einmal die Mitte und zweimal den äußeren Rand getroffen.

F ______________________________

L ______________________________

A ______________________________

4 Lisa und Walter hängen sechs Laternen zwischen zwei Masten auf.
Der Abstand zwischen den Laternen ist immer 2 m.
Der Abstand zwischen Masten und Laterne ist 1 m.
Löse mit einer Skizze. Nimm zwei Kästchen für 1 m.

F Wie weit stehen die Masten auseinander?

L

A ______________________________

zu den Seiten
130/131

Zufall und Wahrscheinlichkeit

1 Tom angelt einen Fisch. Sicher, möglich oder unmöglich?

a) Tom angelt einen roten Fisch: ______________

b) Tom angelt einen blauen Fisch: ______________

c) Tom angelt einen gelben Fisch: ______________

2 Mia angelt zwei Fische. Sicher, möglich oder unmöglich?

a) Mia angelt einen roten
und einen gelben Fisch: ______________

b) Mia angelt zwei gelbe Fische: ______________

c) Mia angelt zwei rote Fische: ______________

d) Mia angelt einen gelben
und einen blauen Fisch: ______________

3 Sicher, möglich oder unmöglich. Die Kinder geben Beispiele für Ihre Aquarien. Von wem können die Sätze stammen?

Nelly

Ali

Lea

a) Sicher: „Ich fange sicher einen gelben Fisch.“ ______________

b) Möglich: „Ich fange zwei rote Fische.“ ______________

c) Unmöglich: „Ich fange einen gelben Fisch.“ ______________

d) Möglich: „Ich fange zwei gelbe Fische.“ ______________

4 Male passende Fische in die Aquarien, in jedes Aquarium drei Fische.

a) Möglich:
„Ich fange einen roten Fisch.“

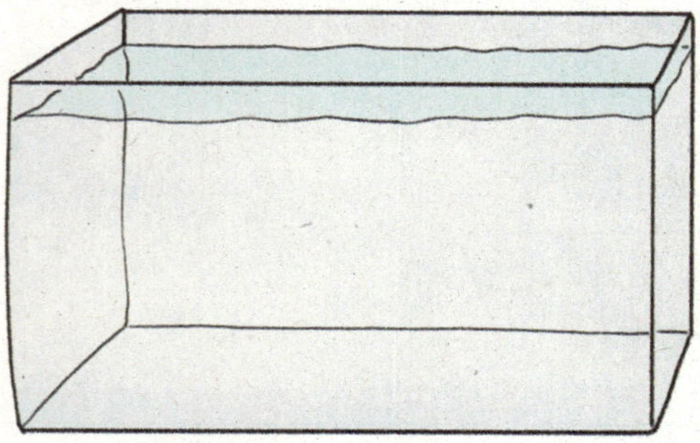

b) Sicher:
„Ich fange einen roten Fisch.“

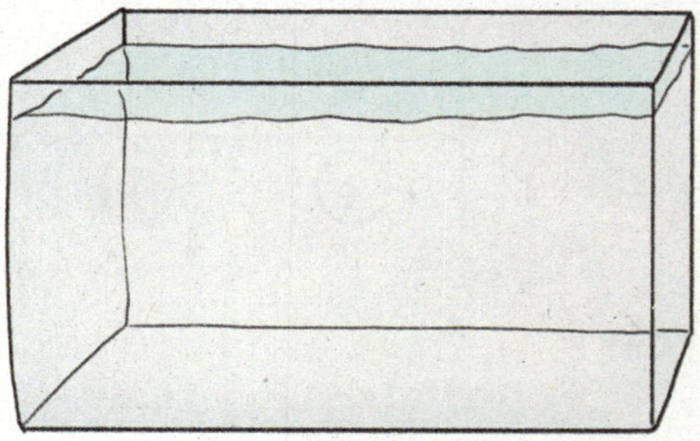